“一带一路”倡议研究报告 2017

“一带一路”沿线的风险及其防范

兰日旭　顾炜宇　主编

U0832832

中国财经出版传媒集团
中国财政经济出版社

图书在版编目（CIP）数据

“一带一路”沿线的风险及其防范：“一带一路”倡议研究报告．2017/兰日旭，顾炜宇主编．—北京：中国财政经济出版社，2018.4
ISBN 978－7－5095－7818－6

Ⅰ．①一…　Ⅱ．①兰…②顾…　Ⅲ．①对外投资－风险管理－研究－中国　Ⅳ．①F832.6

中国版本图书馆 CIP 数据核字（2017）第 266404 号

责任编辑：刘　畅　刘五书　　　　责任校对：黄亚青
封面设计：孙俪铭

中国财政经济出版社 出版

URL：http：//www.cfeph.cn
E－mail：cfeph@cfeph.cn
（版权所有　翻印必究）
社址：北京市海淀区阜成路甲 28 号　邮政编码：100142
营销中心电话：010－88191537　北京财经书店电话：010－88580302
北京财经印刷厂印刷　各地新华书店经销
787×1092 毫米　16 开　16.25 印张　190 000 字
2018 年 6 月第 1 版　2018 年 6 月北京第 1 次印刷
定价：58.00 元
ISBN 978－7－5095－7818－6
（图书出现印装问题，本社负责调换）
本社质量投诉电话：010－88190744
打击盗版举报热线：010－88191661　QQ：2242791300

“一带一路”倡议研究报告2017

编　委　会

组编　中央财经大学中外经济比较研究中心

主编　兰日旭　顾炜宇

编委　（按姓氏拼音排序）

曹利群　陈宏亮　丁于芩　高　伟　蒋　浩
刘洪军　柳艳舟　潘宏胜　曲　迪　任洪生
王立勇　王燕芬　杨枝煌　岳海峰　周尚志
周　莹　祝　伟

目　录

绪 论

“一带一路”构想自2013年提出以来，至今已经取得了巨大成效，并逐渐成为沟通亚欧大陆的经济通道。在2016年二十国集团领导人杭州峰会（以下简称“G20杭州峰会”）上，习近平总书记明确指出：“已经有100多个国家和国际组织参与其中，我们同30多个沿线国家签署了共建‘一带一路’合作协议、同20多个国家开展国际产能合作……”截至2017年1月，

我国在3年多的时间内累计为“一带一路”沿线国家投资500多亿美元。2017年5月，“一带一路”国际合作高峰论坛（BRF）在北京召开，大大推进了“一带一路”倡议践行的深度和广度。随着“走出去”的步伐加快，由此而来的各种风险也逐步显露出来。为此，中央财经大学中外经济比较研究中心以“一带一路”沿线的风险及其防范为题，作为2017年度的研究报告，为“一带一路”倡议的推进提供学理支撑，降低战略施行中的各种不确定性，缩减可能的风险带来的损失。

一、“一带一路”倡议的机遇

与“一带一路”倡议直接关联的沿线国家和地区达66个（如表绪-1所示）。

表绪-1　“一带一路”倡议沿线国家和地区清单表

“一带一路”倡议沿线国家和地区						
东北亚 4国	东南亚 11国	南亚 8国	西亚北非 16国	独联体其他 6国	中东欧 16国	中亚 5国
蒙古、俄罗斯、日本、韩国	印度尼西亚、泰国，马来西亚、越南、新加坡、菲律宾、缅甸、柬埔寨、老挝、文莱、东帝汶	印度、巴基斯坦、孟加拉国、斯里兰卡、阿富汗、尼泊尔、马尔代夫、不丹	沙特阿拉伯、阿联酋、阿曼、伊朗、土耳其、以色列、埃及、科威特、伊拉克、卡塔尔、约旦、黎巴嫩、巴林、也门共和国、叙利亚、巴勒斯坦	乌克兰、白俄罗斯、格鲁吉亚、阿塞拜疆、亚美尼亚、摩尔多瓦	波兰、罗马尼亚、捷克共和国、斯洛伐克、保加利亚、匈牙利、拉脱维亚、立陶宛、斯洛文尼亚、爱沙尼亚、克罗地亚、阿尔巴尼亚、塞尔维亚、马其顿、波黑、黑山	哈萨克斯坦、乌兹别克斯坦、土库曼斯坦、吉尔吉斯斯坦、塔吉克斯坦

除了上述这些直接关联的国家和地区外，“一带一路”倡议构想已经扩展到100多个国家和地区，但从这些国家和地区来看，它们绝大部分属于发展中国家和新兴经济体，经济发展缓慢，资金普遍短缺，技术水平不高，劳动力、资源等充裕，交通等基础设施落后，严重制约着它们经济的进一步发展。根据索罗模型，在资金短缺的条件下，增加资金能够迅速提升资金的边际收益率，并加快经济增长；而“一带一路”倡议沿线国家和地区资金严重匮乏，仅在基础设施方面的资金短缺每年就达7000亿美元以上。为此，它们要加快经济增长步伐，改善社会经济环境，必须从国外引进大量的资本。与这些国家和地区相比，经过改革开放以来近40年的快速发展，我国经济总量已经成为世界第二大经济体。截至2016年年末，我国GDP总量达到744127亿元人民币，占世界GDP总量的14%以上。目前，我国是世界第一大外汇储备国，拥有大量的资金储备；我国的钢材、水泥等行业存在严重的产能过剩，而通讯、高铁、生物技术、航天航空等领域也处于世界领先水平。来自“一带一路”沿线的20个国家的青年更是评选“共享单车、高铁、互联网、支付宝”为中国的“新四大发明”。由此，我国相对过剩的资金等要素和技术要获取更好地匹配空间急需寻找对外投资的领域。

在2013年“一带一路”倡议的提出及随后的政策性沟通中，中国与沿线国家和地区之间达成了广泛的合作协议。而此时，经过次贷危机影响的西方发达国家和地区，虽然对中国推行的“一带一路”倡议颇多阻挠，但它们的经济状况至今仍然没有完全摆脱低迷的状态，政局变换、重振制造业等因素导致它们内部矛盾重重，难以像以前那样展开较大规模的对外投资活动。在此背景下，“一带一路”沿线国家和地区经济发展中存在的资金短缺、资源丰富等状况无疑给中国企业、广大民众等海外投资者带来了机遇。同时，也为沿线国家和地区的经济发展、工业化等提供了诸多良机。

二、"一带一路"沿线的风险

在"一带一路"沿线国家和地区给我国带来大量投资、技术输出等机遇之际，它们也给我国"走出去"带来了诸多的挑战。

一是"一带一路"沿线国家和地区的制度环境不容乐观。首先，"一带一路"沿线国家和地区的政治环境极不稳定。中亚地区和中东地区的国家普遍面临国内宗教极端势力、恐怖主义破坏活动，局部战争不断，严重影响了国内局势的稳定性；东南亚地区和南亚地区受到海域、国内不同派别的政治势力等争论与冲突，大大制约了这一区域对外经济政策的连续性，给我国在该区域的海外经济活动蒙上了诸多阴影；欧洲国家则受欧债危机等因素影响，国内政治环境不容乐观。其次，"一带一路"沿线国家和地区的制度透明度不高，清廉指数极低，产权难以获得保障。

根据透明国际的非政府组织的统计，"一带一路"沿线的国家和地区在全球清廉指数排名中靠后。全球各国清廉指数虽然每年会发生一些变化，但整体上"一带一路"沿线国家和地区仍然靠后。这种状况严重影响了我国在这些区域海外经济活动的开展。

二是"一带一路"沿线国家和地区的经济效率不高。

"一带一路"沿线国家和地区不但资本短缺，人均资本积累水平低，而且生产能力也比较落后。资本短缺，使它们难以获得先进的技术和良好的教育，进而导致它们的经济效率普遍偏低。在此背景下，给定的资本和劳动投入，可能会带来较少的产出，即它们虽然资本相对短缺，但资本的投入并不一定会导致较高的产出。

三是"一带一路"沿线国家和地区诸多风险汇聚。"一带一路"沿线国家和地区的地理环境复杂、民族关系相对紧张、宗教势力影响大、文化差异等因素大大增加了经济活动的不确定性，由此使我国企业等投资主体在"走出去"活动中汇聚了政治、经济、文化等诸多风险，稍有不慎就可能会血本无归，而这方面的例子呈现增多趋势。

基于以上分析，在把握"一带一路"沿线国家和地区引申出的大量机遇之时，我们也要高度重视它们所带来的诸多风险和挑战，主动把各种风险控制在可控范围之内。这就是我们选定"一带一路"沿线的风险及其防范作为2017年研究报告的根本原因所在。

三、本书的结构

本书涉及的沿线，专门指"一带一路"沿线国家和地区，并不包含国内的沿线区域；风险则是指与"一带一路"倡议中所从事的经济活动相关联沿线国家和地区的政治、经济、文化等不确定性。本书除绪论外，正文由五章和一个结束语构成，后附参考文献及后记。

第一章重点阐明了“一带一路”沿线国家和地区中的政治风险及其防范对策。沿线国家和地区的政治风险虽然极其复杂，但它基本体现在政局稳定状况、民族宗教关系、非传统安全威胁以及大国博弈的掣肘等4个方面。围绕政治风险的4个方面，从“丝绸之路经济带”和“海上丝绸之路”中各选出一些典型的案例加以详细、系统地分析，并在此基础上提出了一些针对性的防范措施。

第二、第三、第四章集中讨论了“一带一路”沿线国家和地区的投资、信用、汇率等经济风险及其防范对策。第二章讨论了“一带一路”沿线国家和地区的投资风险及防范对策。伴随中国在“一带一路”沿线国家投资存量和流量的不断增加，来自我国内外部的投资风险将集中凸显出来，对我国投资主体产生了巨大影响。截至2017年，我国在“一带一路”沿线上的投资可谓喜忧参半。由此，我们对“丝绸之路经济带”和“海上丝绸之路”上的投资分别从行业的角度遴选了一些成功与失败的例子，以此说明投资风险的危害，并在此基础上，从政府、企业、民间等层面提出一些防范措施。第三章侧重分析了“一带一路”沿线国家和地区的信用风险及防范对策。首先，阐明了信用风险的内涵、特征和表现形式；其次，从众多信用风险的事例中分别选择了几个案例加以重点分析；最后，在前面论述的基础上，提出了一些防范信用风险的对策。第四章分析了“一带一路”沿线国家和地区的其他经济风险及防范对策。在简要分析了在金融、税务等风险基础上，着重论述和剖析了汇率风险，通过“希腊主权债务危机引致欧元受挫”的案例分析汇率风险产生的原因和造成的影响，并基于中国国情，从宏观和微观两个视角为中央政府和涉外企业提供抵御外汇风险的对策和建议。

第五章分析了“一带一路”沿线国家和地区的文化风险及其防范。文化交流是“一带一路”倡议实施的基础和必要前提，伴随这种交流而来的是不断发生的文化风险。这一章梳理和概括了“一带一路”倡议文化风险的概念、表现形式、影响因素，深入发掘文化风险的产生与变化的内在逻辑关系，探索了防范与化解文化风险的应对策略。

最后部分为全书的结束语，简要说明本书的由来和需要说明的一些问题。

第一章

“一带一路”沿线的政治风险及其防范对策

“一带一路”倡议是在世界经济缓慢复苏、恢复和发展经济成为各国第一要务的背景下，由中国提倡的顺应国际形势和时代要求，致力于深化经贸合作、促进资源共享、推动经济建设的美好倡议。它体现出中国在地区和世界事务中勇于承担责任的大国形象，符合参与国家的共同利益，是对地区治理模式的全新探索，代表了国际社会中的正能量。但是中国推进“一带一路”倡议的进程不会是一帆风顺的，中国在向外拓展的过程中机遇和挑战是并存的。而在诸多的挑战中，中国首要面对的就是对外投资中的政治风险。如何防范，成为当前“一带一路”倡议推进的关键。

第一节 “一带一路”沿线政治风险的定义及类型

在正式分析“一带一路”沿线的政治风险之前，我们须根据当前的国际国内形势，明确界定政治风险的内涵及其种类，为之后的分析铺垫必要基础。

一、政治风险的内涵

对于政治风险的研究，国外学者起步较早。从20世纪70年代开始，欧美国家的跨国商务和跨国政治就将“政治风险”列为一个独立的课题归类。政治风险目前没有统一的定义，本书通过研究国内外学者对政治风险的不同定义，找到它们之间的相通点，为“一带一路”沿线政治风险的研究奠定基础。关于国内外不同学者对政治风险的定义，可以参照表1-1和表1-2。

通过比较中外学者对政治风险的定义，我们可以了解政治风险定义的关键是要理解好以下4个要素①：（1）经营环境的不连续性，特别是经营环境的剧烈变化的可能性；

① 杨德新：《跨国经营与跨国公司》，中国统计出版社2000年版，第263页。

表 1-1 国外学者对政治风险的定义

国外学者	政治风险的定义
斯特芬·罗伯克 (Stefan H. Robock)	政治风险是由政治因素变化带来的，具有难以预料的不连续性，并且这些变化会对投资者利润或预期目标构成负面影响①
富兰克林·鲁特 (Franklin R. Root)	在本国或国外能够对一个国际商业运作的利润或资产构成威胁的任何类型的政治事件（例如，战争、革命、政变、没收、征税、贬值、交易控制和进口限制）可能出现的风险②
肯尼迪 (C. R. Kennedy Jr.)	造成一个企业战略财务的或人员的损失的风险。例如，宏观经济和社会政策（财政的、货币贸易的、投资的、产业的、收入的、政治的不稳定性相关的事件（恐怖主义、劳工、发展）这样的非市场因素，或与政治有关的暴乱、政变、内战、起义)③
杰夫利·西蒙 (Jeffrey D. Simon)	可视为政府的抑或社会的行动与政策，起源于东道国内部或外部，对大多数国外经营与投资产生不利影响 ④
丁文力 (Wenlee Ting)	某一国际项目或跨国企业的预期经营成果（利润、收入、成本、市场份额、经营的连续性等）因东道国的政治、经济政策的不稳定性而遭受损失的不确定性⑤

表 1-2 国内学者对政治风险的定义

国内学者	政治风险的定义
杨德新	由政治力量作用使然，令企业经营环境不可持续，并导致企业的利润或其他目标受损⑥
张贵洪	由于东道国与母国（甚至第三国）政治、经济等关系发生变化，东道国政治和社会的不稳定性以及政策变化而影响跨国公司的经营活动⑦

---

① Stefan H. Robock: “Political risk: identification and assessment”, *Columbia Journal of World Business*, 1971, 6(4): 6-20.

② Franklin R. Root,: “U. S. Business Abroad and Political Risks”, *MSU Business Topics*, 1968, 10 (3): 73-80.

③ C. R. Kennedy Jr.: “Political Risk Management: A Porfolio Planning Model”, *Business Horizons*, 1988, pp. 82-91.

④ Jeffrey D. Simon: “Political risk assessment: Past trends and future prospects”, *Columbia Journal of World Business*, 1982, 17 (3): 62-71.

⑤ Wenlee Ting: *Multinationnal Risk Assessment and Management*, Greenwood Press, Lnc., 1988.

⑥ 杨德新:《论当今海外投资政治风险》,《中南财经大学学报》, 1996 年第 6 期。

⑦ 张贵洪、蒋晓燕:《跨国公司面对的政治风险》,《国际观察》, 2002 年第 3 期。

续表

国内学者	政治风险的定义
王学鸿	东道国从政治上考虑问题，采取措施限制外国公司的生产经营，从而给在该国从事生产经营的外国企业造成损失，或东道国突发的政治事变给跨国经营企业造成不利影响等①
白远	又称国家政治风险，指由于东道国的政局变动以及所采取的政治性措施变化使跨国公司蒙受的损失或实际收入偏离预期收入的可能性②

（2）这种变化通常是政治力量导致的；（3）不确定性，通常很难预料；（4）由政治力量的作用而导致的经营环境出现难以预测的变化，构成可能显著影响某个企业的利润或其他目标的潜在力量。这 4 个要素缺一不可，否则都不能构成政治风险。

虽然目前学术界对政治风险的定义并不统一，但是通过比较国内外学者对政治风险的定义，我们可以把政治风险界定为由于政治力量造成的东道国政府或社会政局的不稳定，或政策不连续性而导致的对母国国际投资和贸易活动产生影响，并致使其预期目标或经济绩效与实际情况存在差距的不确定性。

二、政治风险的类型

在理解政治风险的定义后，母国企业为了使自身整体战略更加准确和清晰，有必要明确跨国经营过程中可能遭遇的政治风险类型，通过把握政治风险的不同形式，做好合理防范。通过整理目前已有对政治风险分类的研究成果，发现政治风险的分类主要有以下 4 种。

① 王学鸿：《企业跨国经营中政治风险管理探析》，《云南财贸学院学报》，1997 年第 5 期。
② 白远：《中国企业对外投资的风险管理》，《国际经济合作》，2005 年第 12 期。

（一）政治风险常规分类

通常，政治风险类型分为征收险、转移险、战争和内乱险、违约险以及剥夺财产险五种。征收险，是指东道国出于国家和社会公共利益需要，对外国企业实行征用、没收或者国有化。转移险，是指东道国因国际收支困难，实行外汇管制，禁止或限制外国投资者将利润和其他合法收入转移出东道国。战争和内乱险，是指东道国政局动荡、民族或宗教派别冲突，发生革命、战争或内乱，使外国企业或财产遭受重大损失。违约险，是指东道国政府违约，投资者无法及时求助于司法机关或仲裁机构，或有裁决却无法执行等。剥夺财产险，是指东道国政府对外国企业资产实行征用或国有化。

（二）按影响层次分类

按照政治风险的影响层次，政治风险可分为宏观政治风险和微观政治风险。宏观政治风险，是指东道国针对所有外国企业采取政治措施而造成的风险；微观政治风险，是指针对具体某一外国企业或某一行业企业等采取的措施造成的风险。

（三）按风险来源分类

按照政治风险的来源风险，政治风险可分为外部性政治风险和内部性政治风险。内部性政治风险归结为东道国内部的诸多政策和发展特征，例如，政局的稳定性、关键性领域的民族性政策保护等。外部性政治风险则主要是指东道国所处的政治环境，包括货币政策的稳定性、母国与东道国的外交关系状况以及国际环境的制约问题等①。

（四）按“传统”和“非传统”进行分类

传统风险主要指因战争、政局动荡、政府不稳定、社会政策突变性高等因素造成的跨国公司损失的风险。“非传统”风险主要指由于双方观念上、认知上的分歧或矛盾导致战略上、政治上的互不信任及其引发的一系列后果。

政治风险在现实生活中往往以多种形式出现，并不单单表现为某一种具体类型。虽然上述政治风险的分类符合政治范畴，也更加具体化，但分类标准通常与学者当时所处的时代相关，虽符合当时状况，但是其中的很多具体风险类型已经随着国际规则的完善而消失了，对我们当下的研究具有一定的局限性。随着经济全球化的进一步加深，世界各国的不断发展，使过去以革命、大规模内战、政变、没收、征用、国有化和冻结等为代表的传统政治风险逐步减少。而以东道国政策变化、资源保护、经济和政治报复、文化差异、第三国干预、民族主义和宗教矛盾、各国内部利益集团和非政府组织的政治参与等政治风险日益成为主流②。

为了进一步明确“一带一路”倡议的推行可能遭遇的政治风险，我们对“一带一路”沿线政治风险的研究将从“陆上丝路”沿线国家和地区与“海上丝路”沿线国家和地区两个视角出发。“陆上丝路”沿线国家和地区的政治风险从政局稳定情况、民族宗教关系、非传统安全威胁、大国博弈的掣肘等4个方面出发，探讨“丝绸之路经济带”

---

① 林明达、王祎蕾：《中国对外投资中政治风险类型与规避建议》，《吉林金融研究》，2015年第3期。

② 钞鹏：《对外投资的政治风险研究综述》，《经济问题探索》，2012年第11期。

倡议实施可能遭遇的政治风险；而“海上丝路”沿线国家和地区政治风险则从国际环境和东道国国内环境不稳定性两个方面出发，分析“海上丝绸之路”上可能遭遇的大国博弈制衡、国家互信不足以及东道国国家内部政治、社会环境不稳定等问题，力求总结归纳出更具客观性、时代性的结论。

第二节 “丝绸之路经济带”沿线的政治风险

从“陆上丝路”来说，“丝绸之路经济带”的特点是整体跨度大，不同国家的要素禀赋差异大，不同地区之间发展不平衡，沿线国家之间区域性合作较多而整体上的交流较少。在这样的背景下，中国想要将“丝绸之路经济带”串联起来将会面临一定的政治风险①。具体来说，中国将会面对的政治风险主要有政局稳定状况、民族宗教关系、非传统安全威胁以及大国博弈的掣肘等4个方面。其中，前三者为内部性风险，而大国博弈的掣肘为外部性风险。中国想要成功推行“丝绸之路经济带”，让周边国家真正地从中国的发展中受益，就需要正确认识、正确应对所面临的政治风险，采取措施规避这些政治风险。

① 周平：《“一带一路”面临的地缘政治风险及其管控》，《探索与争鸣》，2016年第1期。

一、“丝绸之路经济带”上的政治风险分类

（一）政局稳定状况

“一带一路”倡议在陆上依托国际大通道，以沿线中心城市为支撑，以重点经贸产业园区为合作平台，共同打造新亚欧大陆桥、中蒙俄、中国—中亚—西亚、中国—中南半岛这 4 条国际经济合作走廊①。这 4 条线路北至俄罗斯，南至中东地区，横跨亚欧大陆，沿途经过许多国家。在这些沿线国家中，中亚、中东地区相较其他国家而言在政治环境上相对不稳定，存在较大的政局动荡风险。而同中东地区相比，中亚地区是中国向西拓展“丝绸之路经济带”的必经之地。因此，中亚地区的安全和稳定不仅关乎针对当地的投资是否成功，更会影响这 4 条经济走廊是否畅通，具有非比寻常的意义②。

中亚地区地理位置特殊，从地缘政治角度来看属于核心区域，具有联通欧亚的重要作用，影响海权和陆权的竞争，因此长期以来一直受强国的关注和影响。在苏联解体后，这一地区产生了哈萨克斯坦、吉尔吉斯斯坦、乌兹别克斯坦、塔吉克斯坦、土库曼斯坦等独立民族国家，即“中亚五国”。对本国人民来说，新生国家可能意味着稳定和希望，但这也给该地区的局势带来了更大的变数。事实上，自中亚五国独立以来，陆续面临许多危机，有些甚至威胁到国家的政权。中亚地区独特的地理位置，又使得这一地区的安全和

---

① 中华人民共和国国家发展和改革委员会、中华人民共和国外交部、中华人民共和国商务部：《推动共建丝绸之路经济带和 21 世纪海上丝绸之路的愿景与行动》，2015 年 6 月 8 日。

② 高荣伟：《“一带一路”建设面临的风险及对策》，《国际商务财会》，2015 第 6 期。

稳定对建设“一带一路”倡议至关重要。因此，了解这一地区的政局状况并对其进行评估，有利于在投资中规避风险，从而达到共赢的效果。

哈萨克斯坦是中亚地区最大的国家，它的安全和稳定对于维持中亚地区的局势具有重要作用。中国于 1992 年与哈萨克斯坦建交，之后，中哈两国的经贸交往稳步发展，中国于 2012 年成为哈萨克斯坦的第一大贸易伙伴，哈萨克斯坦也在经济发展的道路上稳步前行。进入 21 世纪，美国加强了对中亚地区的控制，而由其支持的“颜色革命”爆发，使哈萨克斯坦内部处于弱势的反对派蠢蠢欲动。尽管哈萨克斯坦总统纳扎尔巴耶夫在 20 世纪末与议会的多番斗争中取得胜利，成功削弱了议会权力，实现了有利于提升效率的总统制，自己得以总揽全局，打击了之前猖獗的反对派，使哈萨克斯坦政坛内部取得了表面上的稳定①，但高度集权的总统制在具有至高无上的权力的同时，也成为反对派引导国内矛盾的倾泻口，任何国内的动荡都会成为反对派指责政府的理由。因此，总统集权所常见的一些弊端（例如，家族政治、腐败问题、权力缺乏监督等）都成为反对派攻击政府的有力武器。在历史上，哈萨克斯坦就曾发生过民众因为不满政府社保待遇而举行的抗议和示威“活动”，这也是哈萨克斯坦国内政治中可能存在导致政局动荡的隐患。此外，沉寂的反对派并没有消失，由于在现行的议会中没有他们的活动空间，因此他们的活动逐渐转入地下，更不利于政府对其进行侦查和处理。反对派在外来势力的参与下可能会打破哈萨克斯坦国内原本稳定的政治局势，这也是值得注意的问题。

---

① 陈露：《中亚五国独立十五年来的政局变化研究》，兰州大学硕士毕业论文，2009 年。

相对于哈萨克斯坦总体稳定的政局，吉尔吉斯斯坦在政局上面临的困境可要复杂得多。自时任总统阿卡耶夫上台以来，总统和议会之间漫长的政治斗争就没有停止过。阿卡耶夫受过良好的教育并曾担任过吉尔吉斯斯坦科学院院长。因此在他执政后，过分依赖知识分子，盲目重用没有工作经验的知识分子，执行激进的经济改革，导致吉尔吉斯斯坦内部经济衰退、社会动荡、人民生活水平严重下降，民众产生了强烈的不满情绪。同时，吉尔吉斯斯坦在独立时的政权架构是总统制政体，但又将三权分立作为国家机构的组织原则。这种政治架构的本意是限制总统权力、实现民主政治，但这种政治设想与吉尔吉斯斯坦国内的现实状况严重脱节，从而导致总统和议会互相斗争，形成严重的内耗。尽管阿卡耶夫在 1996 年成功修改了宪法，确立高度集权的总统制政体，但国内的不稳定因素并未完全解决。随着 2002 年美国和北约强势进入中亚，吉尔吉斯斯坦内部的反对派抓住这个契机向政府发难，掀起一系列大规模的骚乱、抗议和示威活动，导致吉尔吉斯斯坦时任总理、总统办公厅主任和内务部长辞职，并最终迫使阿卡耶夫同意重新修改宪法，使吉尔吉斯斯坦恢复议会总统制政体。在这一系列政治斗争取得胜利的鼓舞下，吉尔吉斯斯坦内部的反对派步步紧逼。2005 年，在国际观察团的监督下举行的选举失败后，反对派以选举舞弊为由掀起了大规模的抗议和示威活动，拉开了“郁金香革命”的序幕。最终反对派占领了吉尔吉斯斯坦南部的几个重镇，并占领了吉尔吉斯斯坦首都比什凯克，迫使阿卡耶夫逃往俄罗斯寻求政治避难。吉尔吉斯斯坦国内反对派取得国内政治斗争胜利后，该国政局并未形成想象中的稳定局面。原总统的支持者和反对派之间的矛盾以及反对派内部之间的分化使得吉尔吉斯斯坦国内的政治环境更加复杂①。2013 年，故乡党以俄罗斯廉价收购天然气公司和昆特金矿国有化等为由攻击吉尔吉斯斯坦现政权，同时展开示威活动并试图占领总统府，局势虽然最后得到缓和，但吉尔吉斯斯坦的现状仍然令人担忧②。吉尔吉斯斯坦作为中国的邻国，同时也是“丝绸之路经济带”在中亚地区的一个重要交通枢纽，它的安全和稳定对于中国向西拓展的整体部署具有重要意义。该国一旦出现政局动荡，将会对中国“一带一路”整体倡议构成极大的风险。

在中亚五国中，土库曼斯坦是现今中亚地区最为稳定的国家；而乌兹别克斯坦虽然遭受宗教极端组织的骚扰，但总体来讲在政权上可以形成一股统一的力量。塔吉克斯坦在 2013 年将反对派领导人阿卜杜拉贾诺夫逮捕后，国内的政局也趋于稳定。相对于哈萨克斯坦和吉尔吉斯斯坦，上述 3 个国家在政局上并未存在过大的隐患，由政局动荡带来的风险相对较小。

阿富汗在地理位置上虽然距离“一带一路”在亚欧大陆上 3 条主要线路中的两条相对较远，但考虑到阿富汗国内长期处于战乱的背景和异常复杂的现实状况，它在未来能否取得一个稳定的政治局面不仅对“一带一路”建设，还对中亚乃至整个亚洲地区的安全和稳定带来重大影响。自 2001 年美国开启阿富汗战争以来，阿富汗一直处于混乱状态，尽管美国在阿富汗投入大量的兵力并扶植当前的政府掌握国家权力，但塔利班势力在阿富汗仍保持相当的实力，广泛活跃在阿富汗的山区之中。在 2014 年 4 月的“春季攻势”中，塔利班向北不断推进，逐渐渗透到阿富汗首都喀布尔附

---

① 陈露：《中亚五国独立十五年来的政局变化研究》，兰州大学硕士毕业论文，2009 年。
② 罗英杰、苏骏：《2013 年中亚地区安全形势述评》，《西伯利亚研究》，2014 年第 2 期。

近，控制了阿富汗国土面积的70%左右，对政府形成了严重威胁。目前，阿富汗国内的局势仍比较复杂。虽然美国已宣布撤军，但目前仍然保持着相当的军事存在；美国支持的阿富汗现政府实力较弱、难当大任；塔利班虽然接连失去了奥马尔和曼苏尔两位领导人，但仍具有广泛的民众基础和实力。美国政府不敢完全将自身势力撤出阿富汗，与塔利班之间存在着既协商又冲突的关系。同时，阿富汗现政府渴望能同塔利班实现政治和解，对美国在这一地区的过度干预感到不满。而塔利班则将美国视为侵略者，誓要将其赶出国门。这三方势力纵横交错，使阿富汗陷入了一个困局[①]。此外，由于2014年阿富汗选举中未能推举出各方共同承认的总统，而现任的总统加尼之所以能当选是由于美国施加影响促使各方达成妥协，因此现任总统并不具有很强的公信力。同时，为了达成协议，阿富汗政治人物阿卜杜拉则被任命为“首席行政长官”，也具有比较高的政治地位，同加尼形成制衡。这种政权组织结构导致了阿富汗的政局可能存在政令不通、效率低下等问题，使这一地区的局势存在更多的变数，加大了对其投资的风险。

除中亚地区外，“丝绸之路经济带”在欧洲地区也面临政局上的风险，乌克兰近几年政局上的动荡使“丝绸之路经济带”在欧亚边境附近地区的投资充满了不确定性。乌克兰位于欧洲东部，在地理位置上距离亚欧边界较近，在苏联解体后一直被视为欧洲地区和俄罗斯的缓冲区，长期以来一直受到极大的关注。由于乌克兰所处地理位置的特殊性，欧洲国家和俄罗斯一直都试图将其拉入自己的阵营。2010年，亚努科维奇上台之前，乌克兰一直奉行向西倾斜的战

① 赵干城：《阿富汗问题与亚洲的安全治理》，《南亚研究》，2015年第1期。

略。而在他上台之后，为了借助俄罗斯的力量稳定本国经济发展，他开始着手恢复和发展同俄罗斯之间的关系，坚持东西平衡战略。2013 年，受金融危机影响，乌克兰的国内经济陷入低谷，全年国民生产总值（GNP）增长率不足 1%，国家债务即将到期，向欧洲和国际货币基金组织贷款又困难重重[①]。不得已，乌克兰只能进一步依赖俄罗斯的援助，并以暂停与欧盟签署联系国协定为条件获得俄罗斯的经济支持。但这样的行为引起了乌克兰国内反对派和西方国家的不满和不安。在欧盟和美国的支持下，乌克兰反对派步步紧逼，迫使亚努科维奇同意削减权力、提前大选，进而借助议会解除了他的总统职务，并促使执政党内部发生分裂，使得亚努科维奇众叛亲离，不得已选择政治避难。在这场暴乱结束以后，乌克兰的局势仍未平息。俄罗斯选择向乌克兰投入兵力，美国也将军舰调往黑海，克里米亚共和国选择加入俄罗斯联邦，这些举动使乌克兰的局势更加复杂。停火协议的不断推迟，对中国推行的“一带一路”倡议构成了极大的挑战。

政局的稳定与否，对外来投资具有重要的影响。政局稳定的国家能形成统一的意见，更能集中力量推进经济建设，政策更有连贯性，对资产安全能形成有效的保护，是中国推进“一带一路”倡议的有效助力。但由于历史和现实的原因，“一带一路”沿线的许多国家目前由于民主改革、经济衰退或是大国为了自身利益而对其施加影响，正面临着动荡的社会和政局，这不仅给当地的人民带来极大的痛苦，更会进一步加深所在区域的危机，使得针对这一区域的投资变得更加困难。中国已经有过一些因为东道国政局不稳而导致投

① 赵鸣文：《乌克兰政局突变原因及影响》，《国际问题研究》，2014 年第 2 期。

资失败的教训。在此背景下，我们更应审慎地选择对外投资的东道国，根据东道国的政局状况对可能存在的风险进行评估，对政治形势不明朗的地区不能盲目投入，要根据实际情况而非主观臆想进行投资，确保在外资产的安全性。

（二）民族宗教关系

民族宗教关系作为一个具有特定历史和文化背景的问题，在全球化逐步推进的今天被赋予了许多具有时代特色的内涵。作为一种特定的社会现象，在中国推进“一带一路”倡议、拓展对外投资的过程中，民族宗教关系不可避免地会对这一进程产生影响。因此，我国在大力发展“一带一路”倡议的同时，也应密切关注投资东道国的民族、宗教关系。

1. 民族关系问题

“丝绸之路经济带”沿线国家多为小国，多民族共存，极易引发民族问题，长期以来一直受到各国政府的密切关注。这里所说的民族问题，一般是指民族这一认知共同体从产生、发展到消亡的历史过程中，基于民族差别而产生的一切问题和关系的总和①。随着社会的发展和时代的进步，民族问题目前呈现出以下3个特点。

（1）有所缓和但仍将长期存在。冷战终结，和平与发展成为世界的主题。世界上的大部分国家都将发展经济作为自己的主要任务，试图抓住这来之不易的机遇。为了充分调动国民发展经济的积极性，使一切创造财富的源泉充分涌流，存在民族问题的国家纷纷着手对本国民族政策进行完善。通过采取措施保护少数民族利益、照顾少数民族情绪，

① 张丽娟：《地缘政治视野下中亚民族问题对中国新疆民族关系的影响》，中央民族大学博士毕业论文，2011年。

各国有效地缓和了本国各民族之间的关系，取得了一个相对稳定的国内环境。进入21世纪以后，从总体上来看，这一时期全球的民族问题趋于缓和，之前存在严重民族问题的地区也有所改善，但是在一些地区民族问题依然严峻。无论是中亚地区还是中东地区，政府通过各种手段控制住的民族问题随着其国内局势的变化而逐渐活跃，民族争端呈现出复苏的态势。尤其是当政府忙于应对国内形势、国内社会人心浮动之时，民族争端、民族迫害等问题就更加突出。因此，虽然从全球上看民族问题有所缓和，但在特定区域却仍然存在并且十分严峻。

（2）以氏族为单位，以争夺资源为目的。民族问题之所以产生，其实有着很深的历史渊源。在生产力不发达的时代，个体很难依靠自身对抗复杂的环境，往往需要聚集起来通过分工协作共同生存。在这样的实践中，部落和氏族渐渐形成。他们以一个集体而不是各个个体的形式对抗恶劣的自然环境和其他氏族，通过与其他氏族的对抗来获取生存所必需的各种资源。随着时间的流逝，民族认同逐渐产生，民族之间开始分化，最终形成了不同的民族。尽管现今生产力已经有了极大的发展，但相比于人类无止境的需求，资源总是稀缺的，而人们对稀缺资源的争夺就会导致民族之间的冲突。在一些相对封闭和落后的地区，氏族势力往往比较强势，主要民族通过占据政治上的优势地位来为自身民族谋取特权，抢占稀缺资源。很多地区民族冲突产生的根本原因都来源于经济因素①。尽管全球化进程不断发展，但根植于历史和传统上的这些特点在如今仍然反映在民族关系上，成为

① 吕超、娄义鹏、熊坤新：《当前中亚地区民族问题的特点及对丝绸之路经济带建设的影响与对策》，《贵州民族研究》，2016年第4期。

其鲜明的特点。

（3）具有“溢出”效应。民族问题具有这样的特点，一旦一个地区爆发民族冲突，往往会产生明显的“溢出”效应，使周边地区面临同样的风险。例如，历史上伊拉克的库尔德人运动就曾使得周边的库尔德政党的活动越发活跃。这种“溢出”效应来源于相同民族和相同文化之间的共同认同，具有很强的辐射性和叠加性，一旦爆发冲突往往很难控制，对社会秩序和人民生活具有极强的破坏性。因此，执政者不仅要关注本国的民族关系，对周边地区的民族关系和可能存在的民族冲突也要密切关注。民族问题的“溢出”性也使得民族冲突往往以一片区域为中心。中亚地区和中东地区就是民族问题的高发区。

专栏 1－1

叙利亚的民族问题

近年来，叙利亚的内战引发了国际社会的极大关注。叙利亚内战揭露的不仅是反对派同巴沙尔政府之间的问题，同时还将根植于叙利亚社会的民族问题展现在世人面前。叙利亚的民族问题由来已久，由于其国内民族众多且之前未存在过统一的民族国家，自叙利亚建国开始的20多年间共发生了16次军事政变。到了20世纪50年代，阿拉伯人获得了统治地位，成立了“阿拉伯联合共和国”。此时，受埃及“七月革命”影响，阿拉伯民族主义盛行，对库尔德人的迫害达到高潮。叙利亚政府辞退库尔德官员，国内禁止播放库尔德民族音乐和出版库尔德民族书籍，进行反库尔德宣传等[①]。通过这些措施，叙利亚政府试图磨灭库尔德人的民族性，将库尔德人纳为附庸。1963年复兴党发动政变，取代了逊尼派政治精英的领导地位。在复兴党上台后，库尔德人的境遇

① 闫伟：《叙利亚政局与库尔德问题的嬗变》，《世界民族》，2013年第6期。

并没有改善。复兴党奉行阿拉伯民族主义，将库尔德人视为“外国人”，在拉拢库尔德人扩大统治基础的同时，仍然对库尔德人施以严格的限制和管理，并且始终不肯给予库尔德人公民权。在这样的背景下，库尔德人掀起了长时间的抵抗运动，各种民间组织和民间政党层出不穷。但由于自身组织的局限性和政府的打压，库尔德人的民族运动未能取得太大的成果，反而在内部产生了许多分歧并分化。尽管库尔德人在这一时期的民族运动未能取得太大成果，但这种抗争事实上推动了库尔德人民族意识的觉醒，并加强了这一群体的凝聚力，使库尔德人逐渐形成了一股独立的力量。

进入21世纪之后，巴沙尔上台，复兴党的力量有所削弱。同时，萨达姆政权倒台，伊拉克的库尔德人实现自治。在多重因素的共同作用下，叙利亚境内的库尔德人民族运动不断兴起，起源于土耳其库尔德工人党的民主联盟党逐渐成长起来。随着2011年叙利亚内战的开始，叙利亚政府忙于应付国内的反对派，对西库尔德斯坦地区的控制减弱，民主联盟党得到了一个相对稳定的发展环境。借此机会，民主联盟党与叙利亚政府缓和关系，先后控制了阿慕达、德里克、科巴尼和埃夫里等地区，并在埃夫里通往阿勒颇的道路上设置了大约220个检查站。通过对这些地区的严密控制，民主联盟党成功地抵制住了反对派和恐怖分子的渗透，实现了库尔德人局部的自治。尽管取得了这些成果，但叙利亚的库尔德问题仍然严峻。尽管民主联盟党和政府之间的关系有所缓和，但双方之间的这种微妙默契更多的是形势所迫，政府并未承诺任何实质性的条件。同时，反对派对民主联盟党在西库尔德斯坦地区的掌控不满，并且在争取其他库尔德政党支持的同时拒绝给予库尔德人公民权。此外，由于库尔德政党数量众多，不同的政党在局势、策略和同政府关系上与民主联盟党存在矛盾和分歧，甚至有一些政党对民主联盟党进行公开的谴责①。叙利亚地区动荡不安的局势和现存的民族问题不是短时间

① 肖文超：《叙利亚库尔德民主联盟党与“西库尔德斯坦”自治的前景》，《世界民族》，2015年第2期。

内可以解决的。从中国的角度来说，我国要密切关注这一地区的民族关系，谨慎对待这一地区的投资选择。

民族问题之所以复杂，是因为它与一个地区的经济、政治形势密切相关，一旦出现问题会产生一系列的连锁反应。同时，与经济、政治状况相比，它又具有极强的隐蔽性，政府对于民族问题缺乏具有针对性的解决办法。因此，在我国推进"一带一路"倡议的过程中，我们应该密切关注沿线国家的民族关系，排除可能存在的安全隐患，保障对外投资的安全，使得这一倡议得以稳步开展。

2. 宗教关系问题

除了民族因素之外，在我国投资的过程中，宗教因素也十分重要。虽然由于民族问题和宗教问题之间的密切联系，两者常常被一起提及，但事实上两者却有十分明显的区别。因此，为了保障我国的投资安全，我们也应该对宗教问题有所了解。

（1）宗教问题的两重性。在全球化过程中，不同国家之间经贸往来增多，人口的流动增强。来自不同国家、不同地区的人们往往具有不同的宗教信仰，因此人口的流动在客观上促使不同宗教、不同文化之间产生交汇。不同文化之间的碰撞是非常复杂的，这种碰撞可能产生新的文化元素，促进各自文明的繁荣甚至孕育出新的文明。但是，也有可能在碰撞的过程中产生矛盾和分歧甚至是引发战争。宗教作为文化的一部分，它的发展历程也印证了这一观点。例如，中国古代同南亚地区的交流使得佛教传入中国，并与本土的道教分庭抗礼。但两者之间不仅没有产生冲突，甚至还在许多方面达成了共识，为中国古代文明的繁荣作出了贡献。又如，历史上基督教和伊斯兰教之间对于耶路撒冷不断展开争夺。

在这两种宗教的第一次宗教冲突中，基督教占领了这座“圣城”，引起了西方世界的轰动，也在客观上加深了伊斯兰教和基督教之间的对立。

（2）宗教问题中的极端性。当宗教之间出现纷争时，这种纷争往往会导致参与其中的宗教团体走向极端。例如，在中亚地区长期的宗教斗争中，伊斯兰宗教极端思想不断蔓延。像“乌兹别克斯坦伊斯兰运动”（以下简称“乌伊运”）等一些宗教极端组织奉行宗教激进主义，自成立之初就主张推翻政府，建立政教合一的“哈里发国家”，并为此实施了一系列的爆炸和袭击活动。1999 年，乌伊运极端组织甚至绑架了吉尔吉斯斯坦内政部长萨姆克耶夫和 4 名日本地质专家，造成了极其恶劣的影响①。宗教问题所具有的这种极端性通常来源于一些教众在对现状不满的情况下试图借助一些教义中的原始概念来改变现状的行为，客观上为恐怖主义提供了辩护。将宗教思想简单地解读为宗教激进主义是一种对教义片面解读的现象，体现出了思想上的狭隘性，实质上是一种文化上的倒退。

（3）宗教问题往往与恐怖主义相联系。宗教之间的冲突会带来社会秩序的混乱，而且多种思想交汇之下，也容易带来信仰上的迷茫。在这样的前提下，宗教冲突为恐怖主义的滋生提供了土壤。现今的主要恐怖组织几乎都存在很深的宗教背景，有些恐怖组织以宗教原则来吸引教众、招募人员；有些则以宗教思想来指导行为，进行袭击②。宗教激进主义与恐怖主义的这种联系已经引起了世界各国的广泛关注，同时也在普通民众之间产生了恐慌情绪。由于宗教事务

① 陈露：《中亚五国独立十五年来的政局变化研究》，兰州大学硕士毕业论文，2009 年。

② 余建华、晏可佳：《恐怖主义与民族、宗教问题论析》，《国际问题研究》，2003 年第 3 期。

本身所具有的独立性和敏感性，各国目前都没有什么有效的方法来割裂这种联系。

中亚地区在冷战结束之后取得独立，但这一地区在独立之初经济发展水平落后，人民生活水平低下，同时旧有的经济结构和推进的经济改革产生冲突，造成了长时间的社会混乱。而在这一地区，民族宗教众多，各种思想混杂，一些宗教极端组织借助社会失序发展起来。例如，作为一个跨国宗教极端组织，伊斯兰解放党于20世纪70年代末进入中亚地区，在苏联解体后活跃起来，并迅速吸引了一大批支持者。尽管该组织很快就遭到了中亚各国的抵制，但它并未有所收敛，反而转入地下，以极端的手段来对政府进行报复[①]。同时，它还与中亚地区原有的宗教极端组织乌伊运联合，制造了一系列针对乌兹别克斯坦总统卡里莫夫的爆炸袭击，还与政府军队进行了多次交火，严重扰乱社会秩序，破坏当地民众的正常生活。中亚地区在“丝绸之路经济带”上处于十分重要的位置，中国企业想要“走出去”，增加与沿线各国的经贸往来，首先要面对的就是中亚地区。此外，由于哈萨克斯坦、吉尔吉斯斯坦、塔吉克斯坦与我国西北边境接壤，一旦发生宗教冲突很可能影响我国边境安全。因此，这一区域的安全与稳定对于我国未来的发展是十分重要的。我们应在不干涉他国内政的前提下密切关注这一区域的宗教关系，并在需要时提供必要的援助。

同民族问题相同，宗教问题也有一定的隐蔽性。而且本着信仰自由的原则，各国政府无法对宗教行为进行严格的限制，所以问题一旦爆发，往往会对社会秩序带来极大的破坏。而我国“丝绸之路经济带”的建设，不可避免地会将

① 苏畅：《论中亚宗教极端势力的基本特征》，《新疆师范大学学报》，2011年第2期。

大量的人力物力投向国外，一旦所在地区出现宗教问题，将会对我国的资产、人员安全带来极大地威胁，甚至影响“一带一路”倡议的顺利开展。

（三）非传统安全威胁

近年来，在我国全方位推进“一带一路”倡议的过程中，非传统安全问题也变得不容忽视。所谓非传统安全威胁，一般是指非军事、非政治等传统安全领域却同样能对国家安全产生极大影响的恐怖主义威胁、资源安全威胁、信息安全威胁、环境生态安全威胁、能源安全威胁等。同传统安全相比，非传统安全的主体不再局限于国家行为体，一些跨国机构甚至是一些民间组织都可能在安全领域构成极大的威胁，这在加剧国家安全问题复杂性的同时，也给各国的国家安全带来了前所未有的挑战①。非传统安全问题其实早已存在，无论是恐怖主义还是环境问题，在历史上都有据可查，但由于当时生产力水平低下、人口数量少、人类之间缺乏交流，这些问题在当时还不足以引起人们的关注。随着全球化的发展，各国经济总量越发庞大，人们之间联系更加密切，信息交换不再有地理上的阻碍，一些原本微不足道的问题开始产生重大的影响并迅速引起全世界的注意，至此非传统安全才逐渐进入人们的视野。而在我国推进“一带一路”倡议的过程中，由于沿线国家跨度大、数量众多，周边地区许多国家局势复杂，存在许多可变因素。因此，我国在“走出去”的过程中将会面临许多非传统安全问题，而在其中最主要也是威胁最大的则是恐怖主义问题。

---

① 王义桅、郑栋：《“一带一路”面临的非传统安全挑战》，《开放导报》，2015 年 8 月第 4 期。

恐怖主义作为一种极端的对抗性手段，自“9·11事件”之后逐渐被人们所熟知，它所具有的激进性、极端性，让人们心生恐惧。“9·11事件”并不是恐怖主义的起点，事实上，恐怖主义或者说恐怖活动是伴随着人类历史的发展而逐渐产生的，并可大致分为3个阶段：恐怖主义的萌芽阶段、恐怖主义产生多种形式阶段以及形成现代意义上的恐怖主义阶段[1]。

专栏1-2

恐怖主义的演变

恐怖活动的产生由来已久，作为一种雏形或是原始形态的恐怖活动最早出现可以追溯到两千多年前。但在恐怖主义的萌芽阶段产生的恐怖活动大多是源于统治者和被统治者之间的矛盾冲突，其中并未掺杂太多的政治诉求。在这一时期恐怖主义的典型形式主要有两种：第一种是统治者为了巩固统治或特权地位而进行的严酷镇压。例如，罗马皇帝提比略和罗马皇帝卡利古拉都曾经通过放逐、剥夺财产和判处死刑的方法来捍卫自己的统治。那时，恐怖活动被统治者用来对被统治者施以警示；第二种是被统治者无法承受统治者的压迫而进行的反抗。例如，公元1世纪初，为了抵抗罗马帝国的入侵，一些狂热的犹太教信徒开展了一系列的暗杀和破坏行动，按照犹太史学家约瑟夫斯的说法，他们“混入庆祝的人群，拔出藏在衣衫里的小匕首刺向敌人，当牺牲者倒下时，刺杀者再次混入愤怒的人群，他们能巧舌如簧地公然蔑视一切侦查行动”[2]。通过暗杀和破坏，他们动摇了罗马人的统治。在恐怖主义萌芽阶段兴起的这些恐怖主义活动受当时环境的影响，通常只是针对个体的镇压和破坏，规模较小，具有的破坏性有限，也不能对国家安全构成多

① 丁强：《国际恐怖主义的历史演变、现状分析及其概念界定》，苏州大学硕士毕业论文，2003年。

② ［英］约翰·格里宾等著，朱善萍、张婴等译：《历史焦点》，江苏人民出版社2000年版。

大威胁。

恐怖主义在发展的早期阶段形式比较单一，但随着民族国家的发展和世界殖民运动的开启，地理上的障碍无法阻隔人们之间的联系，随之而来的不仅是经贸往来的增加，同时不同国家、种族之间的摩擦也逐渐增多，恐怖主义活动产生了新的形式。“恐怖主义”这个概念在法国大革命的过程中形成，“雅各宾派”的领袖罗伯斯庇尔在执政期间通过逮捕并处决封建贵族的“红色恐怖”的方式镇压国内的反对力量，维护自己的统治。在这一时期，恐怖主义作为一种严酷的手段，在“雅各宾派”的表述中具有积极的意味；但在之后的保王党复辟中，又出现了针对革命党进行屠杀的“白色恐怖”事件。在此之后，恐怖主义的含义转为消极，并渐渐形成了现今我们熟知的概念。在此之后，恐怖主义的组织形式也不断变化。一些极端团体试图通过暴力行为来引起注意。例如，19 世纪的沙皇俄国民意党为了反对沙皇执政就曾试图通过刺杀沙皇来引起响应，并对无政府主义产生了实质性影响。恐怖主义也广泛存在于各个殖民地的民族独立运动之中，一些地区在反对殖民统治的基础上，更进一步地产生了对西方文明的仇视，进行了一系列的反抗活动①。

恐怖主义发展到今天已经成为一股影响国际局势的重要力量。同过去相比，它已不局限于开展暴力事件，而是在毒品、走私、军火等诸多领域都能看到恐怖主义的身影。此外，恐怖主义在发展到一定阶段后也形成了自己的纲领和目标，很多恐怖组织有了独特的政治诉求。它们通过宣传自己的政治目标来吸纳成员，利用大国博弈在国际上留下的间隙获得生存空间，依靠极端的暴力行为和有组织的犯罪来扩大

① 丁强：《国际恐怖主义的历史演变、现状分析及其概念界定》，苏州大学硕士毕业论文，2003 年。

影响。基地组织策划的“9·11事件”在掀起了恐怖主义活动高潮的同时也给全世界敲响了警钟。在此之后，世界各国都开始认识到恐怖主义的威胁性，并积极开展打击恐怖主义的行动。但由于种种原因，各国针对恐怖主义的打击未能从根源上遏制住恐怖主义的滋生，陆续发生的“巴黎恐怖袭击”事件和“美国奥兰多恐怖袭击”事件等震惊全球的袭击事件，造成了恶劣的影响。近年来，借助中东地区的乱局，极端恐怖主义组织“伊拉克和大叙利亚伊斯兰国（Islamic State of Iraq and al Shams，ISIS）”（以下简称“伊斯兰国”）迅速崛起，实际控制了叙利亚和伊拉克部分地区，并实施多起绑架、屠杀以及自杀式恐怖袭击，给当地人民带来了严重的伤害，造成十分恶劣的影响，引起世界各国的公愤。

美国为了打击恐怖主义开展了“反恐十年”，尽管击毙了基地组织领导人本·拉登，重重地打击了国际恐怖主义的嚣张气焰，但由于大国之间为了自身利益在国际事务上相互竞争，缺乏切实有效的合作，因此中东地区和中亚地区的恐怖主义仍然猖獗。而随着时代的发展，恐怖主义在变化的过程中也产生了一些新的特点。

1. 恐怖主义活动具有跨国性

随着科技的不断发展，人们使用的交通工具有了革命性的进步，而这也使得人们之间的交流不再受到地理条件的限制，世界各国在国家、民众层面上的交往日益频繁。在此基础上，恐怖主义活动也具有相当程度的跨国性。一方面，与以往不同，当今的恐怖活动具有比较广泛的辐射面，恐怖组织可以派出成员在别国领土上展开恐怖袭击，对各国人民人身安全造成极大的威胁；另一方面，恐怖主义组织之间也开始出现跨国联合。这种联合在极大程度上增强了恐怖主义势力，也使针对它的打击更加难以取得成效，客观上提升了恐怖主义对国家安全的威胁。恐怖主义所具有的这种跨国性是它在近年来不断发展壮大的一个重要原因，已经引起世界各国的重视。

2. 恐怖主义活动正在不断变化

恐怖主义发展到今天，其形式和内涵已发生了很大的改变。现今的恐怖主义可能发生在任何领域，恐怖活动也早已超过了人们常规认识中的绑架、暗杀等暴力事件，已演变成了如今的生化武器攻击、网络攻击、自杀式炸弹袭击等，无论是威胁程度还是应对难度都有了明显增强。近些年来，恐怖分子凭借一些高科技手段，不断对西方国家提出威胁，在民众之中制造恐慌，造成恶劣影响。此外，恐怖分子利用国际上民族宗教之间的冲突，在一些经济发展水平落后、社会秩序混乱的地区大肆吸纳成员，并利用现代网络服务网站Facebook、社交网络及微博客服网站 Twitter 等媒体在一些西方国家内部吸引狂热的信徒，在短时间内形成了一股可怕的势力①。恐怖组织在形成一定规模之后也不再满足于简单的袭击和恐吓，开始发展出自己的政治诉求。虽然如建立“哈里发王国”等诉求与现实严重脱节，但这种政治诉求的产生足以证明恐怖主义活动所具有的不断变化的特性，也使世界各国针对恐怖主义的打击见效缓慢。

3. 恐怖主义活动具有严重的破坏性

恐怖主义活动在近年来愈演愈烈，恐怖活动无论是在数量上还是在影响上都有所升级。2015 年 11 月 13 日晚间，在“巴黎恐怖袭击”事件中，恐怖分子在法国巴黎法兰西体育

① 张伟鹏：《“一带一路”沿线非传统安全风险应对分析——以中国与中东地区国家反恐合作为例》，《探索》，2016 年第 3 期。

场、巴黎第10区以及巴塔克兰音乐厅等地进行了10起爆炸与枪击活动。恐怖分子仅在法兰西体育场附近就进行了3次爆炸袭击；而恐怖分子在巴黎柬埔寨餐馆和巴塔克兰音乐厅更是毫无人性地对手无寸铁的平民展开屠杀。其中，恐怖分子在巴塔克兰音乐厅对现场观众肆意开枪扫射之后，又劫持了100多名人质，造成了严重的恐慌。这场恐怖袭击造成了来自26个国家的至少132人死亡，受伤人数更是超过350人。在这次袭击之后，法国政府宣布全国进入紧急状态，并即刻实行最高程度的戒严，全国上下一片紧张。发生在巴黎的这场恐怖袭击给在法国的遇难者和当地人民带来了极大的痛苦，给法国的社会治安带来了极大的破坏。而在法国发生的恐怖袭击事件只是近年来猖獗的恐怖分子的其中一项疯狂行为。2016年6月12日，恐怖分子又在美国奥兰多策划了一场恐怖袭击，造成58人死亡，44人受伤，影响极其恶劣。通过这些例子我们不难看出，借助现代科技，恐怖分子所具有的威胁性日益增强，破坏性更是前所未有。为了维护国家安全和保护国民人身安全，世界各国联合起来打击恐怖主义的行动刻不容缓。

恐怖主义在近年来发展迅速，尽管美国在“反恐十年”中的行动使臭名昭著的“基地组织”受到严重的打击，但新兴恐怖组织“伊斯兰国”借助中东地区的乱局迅速发展起来。“伊斯兰国”宣传宗教极端思想，披着宗教的外衣来吸引成员。这个组织袭击手段残忍而危险更甚于“基地组织”，主导了近年来在全世界范围内的几乎所有大型恐怖袭击[①]。它的极端作风不仅引起世界各国的愤怒，而且连一些

---

① 李小鹿：《国际社会打击“伊斯兰国”组织的态势评估》，《阿拉伯世界研究》，2016年第3期。

恐怖组织和反对派武装都因为它的行为过于极端而暗自警惕。中国在发展“丝绸之路经济带”的过程中不可避免地要经过中亚和中东地区，而这两个地区正是目前恐怖组织的密集区。许多恐怖组织以这一地区为基地发展自己的武装力量，给中国在这一地区的投资和建设带来了极大的威胁。不仅如此，之前存在于我国新疆地区的“东突”组织在逃向国外之后与中亚地区的恐怖组织进行勾结，势必会阻挠我国对外建设，甚至会再度威胁我国边疆安全①。

当然，经济安全、环境与生态安全、信息安全等问题也是中国在“走出去”过程中亟待考虑的问题。在资源方面，中国是一个人口大国，人民的生活、经济建设都需要大量的资源，因而在对外贸易的过程中，我们要防范其他国家通过控制资源来影响中国安全；同时，国家间贸易往来的提速也加大了外来物种入侵的可能，一旦出现必须严密控制，否则会对中国的环境带来严重伤害；在信息方面，随着通信网络的发展，国家和企业的机密信息也不再像以往一样安全。在对外投资的过程中，我们要密切关注本国的网络安全，防止发生针对中国的信息盗窃事件，保障“一带一路”倡议的顺利开展。

（四）大国博弈的掣肘

“丝绸之路经济带”横跨亚欧大陆，北至俄罗斯，南临印度，沿途跨越多个国家和地区。沿线周边国家经济发展水平差异大，且大部分国家经济发展缓慢。为了支持沿线国家的经济发展，确保“一带一路”倡议能给沿线国家带来切

---

① 张丽娟：《地缘政治视野下中亚民族问题对中国新疆民族关系的影响》，中央民族大学博士学位论文，2011 年。

实利益，中国也实行了一些具体的措施。中国创建了亚洲基础设施投资银行（以下简称“亚投行”）为沿线国家的基础设施建设筹集资金。此外，中国还专门设立了丝路基金有限责任公司（Silk Road Fund，以下简称“丝路基金”），在“一带一路”发展进程中寻找投资机会并提供相应的投融资服务。2015 年 3 月 28 日，经国务院授权，中国国家发展与改革委员会、外交部和商务部联合发布了《推动共建丝绸之路经济带和 21 世纪海上丝绸之路的愿景和行动》的官方文件。这一文件的颁布标志“一带一路”倡议作为国家下一阶段的发展大战略被正式确立。考虑到这一倡议的规模和所涉及地区，“一带一路”倡议一经开展就将对现有的国际经济政治秩序产生极大的影响，更会使得本来就错综复杂的地区局势变得更加难以揣测。

随着“一带一路”倡议逐步步入正轨，各国对它有了更深入了解，国际上对它也产生了不同的认知。对于沿线的一些国家来说，由于这一倡议的实施能为他们带来大量的外来资金和先进技术，解决发展中面临的资金、动力不足的问题，是振兴国家经济的一个良好机会，因此对于这一倡议的态度较为积极，试图从中得到实惠；而对于一些沿线的大国来说，他们想抓住这一契机来发展本国的经济，但又存在对于这一倡议实施过程中所面临的不确定性的担忧，陷入一种矛盾的心理。除此之外，由于“一带一路”倡议本身所具有的包容性，串联起来的欧亚大陆可能会引起国际格局的改变。因此，域外大国对于这一倡议也是颇多关注，但对于这一倡议的态度则比较消极。

在“一带一路”倡议的具体推行中，美国作为国际秩序的制定者和国际事务的领导者对于中国的这种尝试持消极的态度，这势必会给“一带一路”倡议的推行带来巨大的风险。

专栏 1-3

美国学者对“一带一路”的争议

美国国内对于“一带一路”倡议有不同的认知。首先，一些学者认为“一带一路”倡议是变相的“马歇尔计划”。亚洲地区占据着全球超过60%的人口，自然资源丰富，国家之间互补性强，具有很大的发展潜力，近年来正在不断崛起。但亚洲地区由于范围广阔，不同地区之间经济、文化差异较大，整体联动性不强，许多地区仍处于相对孤立落后的状态。在一些美国学者看来，像在第二次世界大战后美国通过给予欧洲资金支持进而将欧洲纳入自己的阵营一样，中国此举也有着明显的政治意味，存在着通过经济联系笼络亚洲国家，谋求区域霸权的意图。例如，前美中政策基金会研究人员香农·蒂耶齐（Shannon Tiezzi）曾撰文指出，中国的“一带一路”倡议同“马歇尔计划”具有许多相似之处，都是崛起中的大国通过经济手段来施加政治影响，这一倡议是中国在崛起过程中的初步尝试[①]。其次，一些美国学者认为中国推出的“一带一路”倡议是针对美国在2011年提出的“亚太再平衡”战略的反制策略。随着“反恐十年”的结束，美国将注意力从中东地区转向了亚太地区，将战略重心放在了制衡中国上。在军事上，美国增加与其亚洲盟友的军事演习和安全合作，对中国进行威慑；在政治上，美国联合中国周边国家对中国进行合围，限制中国发展空间；在领土争端上，美国鼓动与中国存在领土争端的国家同中国进行抗争，扰乱周边局势。在这样的背景下，中国提出的“一带一路”倡议似乎就带上了一些博弈的意味，被认为是在美国制衡下的战略反制。蒂耶齐指出，“一带一路”倡议在客观上拉近了中国同中亚、南亚和中东各国之间的距离。在美国加强对中国在亚太地区限制的背景下，中国另辟蹊径，将发展重

① 李晓、李俊久：《“一带一路”与中国地缘政治经济战略的重构》，《世界经济与政治》，2015年第10期。

心向西转移作为应对手段。再次，一些美国学者认为"一带一路"倡议是在中国陷入经济颓势下的自我救赎手段。事实上，中国经济在近些年来确实处在一个下滑的态势，面临着产能过剩、能源对外依赖度高、国内发展动力不足、地区之间发展不平衡等问题，中国经济步入发展中的"新常态"。在美国学者看来，在经济面临种种困境下，中国原有的产业结构、增长方式都亟待变革，而"一带一路"倡议就是中国提出的针对当前困境的解决办法。泰勒·德登（Tyler Durden）认为，"一带一路"倡议在实施过程中，可以从3个方面振兴中国经济：（1）中国向外投资，支援其他国家基础设施建设可以获得较高的资本回报率，同时缓解产能过剩危机；（2）中国在沿线国家的建设有助于打开相关国家的国内市场，有利于推动产品出口，从而为中国发展注入新动力；（3）在借贷中以人民币作为本位币有助于提升人民币的国际地位，从而减轻对于美元的依赖，推动中国在国际金融市场中的发展[①]。

中国在近些年来的快速发展已经让美国十分不安，而"一带一路"倡议的提出更是让这种不安变得更为真实。从传统的地缘政治角度看，中亚地区不仅是欧亚大陆的中心，同时也是世界陆权的核心地区，即为"心脏地带"，而由于陆上较海上天然的交通优势，一旦掌握了这一区域就掌握了世界上的核心资源，在国际竞争中处于主导地位[②]。因此，诸多大国对于中亚地区的局势向来十分关注。而在"冷战"结束后，中亚地区陷入一定程度的混乱，政局不稳、民族宗教问题爆发，一直未能形成一股统一的力量。而为了在未来的国际竞争中占据有利地位，美国、俄罗斯乃至欧盟长期以

① 马建英：《美国对中国"一带一路"倡议的认知与反应》，《世界经济与政治》，2015年第10期。

② 科林·弗林特、张晓通：《"一带一路"与地缘政治理论创新》，《外交评论》，2016年第3期。

来一直在尝试针对中亚地区的渗透，通过援助和合作来增强在中亚地区的影响力。美国在 2011 年曾提出了“新丝绸之路”计划，俄罗斯在 2014 年创建了“欧亚经济联盟”，欧盟长期以来一直同中亚地区保持密切的经贸联系。然而，多方势力的角逐不仅没能将中亚地区引向安定发展的轨道，反而使得这一地区的局势更加复杂，极大地限制了中亚地区的发展潜力。中国此前一直保持同中亚地区的合作，但合作的范围和规模始终有限。“一带一路”倡议是中国倡导在中亚地区进行大规模合作的首次尝试，这既是中国对外开放、推进自身经济改革的一个机遇，同时也是中亚地区进行整合，走向稳定发展道路的一个契机。之所以说“一带一路”是整合中亚的契机，是因为“一带一路”倡议同其他发展倡议相比具有自身独特的优势。同美国的“新丝绸之路”计划相比，“一带一路”倡议横跨亚欧大陆，规模更大，合作内容更加丰富；同俄罗斯的“欧亚经济联盟”相比，“一带一路”倡议参与国家更多，更有利于发挥集聚效应，带动整个地区的崛起。而如果“一带一路”倡议真的推动了中亚地区的整合，那么中亚地区在未来的发展中将更加信任中国，从而危及美国在中亚地区的影响力。因此，美国必然会采取措施对即将步入正轨的“一带一路”倡议做出应对。

对于美国来说，中亚地区的主导权至关重要，不可能放任不理。而若想制衡中国，美国可能会在以下几个方面有所行动：

1. 阻碍发展进程

美国虽然担心“一带一路”倡议可能引起的变化，但作为世界上的超级大国，自然不能公开干涉别国内政。不过凭借美国在国际上的地位和所拥有的力量，完全有能力对“一带一路”倡议产生非常大的影响。而事实上，美国也一直对“一带一路”倡议及其相关筹备工作持消极态度，甚至采取了一些手段来阻碍它的发展。

在“一带一路”倡议刚刚被提出时，美国并未对此表示太多的关注。但随着这一倡议的逐步发展，美国也开始产生了戒备。美国一些国家官员和媒体开始公开表示对这一倡议及其相关工作的质疑。在亚洲基础设施投资银行（以下简称“亚投行”）成立的过程中，前美国国务卿克里就曾多次公开表示亚投行的建立必须要符合现有的国际金融秩序，并表示出对于亚投行运作过程中的公平性和可行性的担忧。美国的这种态度直接影响了其他国家参与亚投行的积极性，并且间接地阻碍了“一带一路”的正常发展。此外，在舆论上对于“一带一路”的“敲打”没有奏效的情况下，美国又进一步对“一带一路”加大阻碍力度。在明确表示目前不会加入亚投行之后，美国又对其在欧亚地区的盟友进行劝阻。尽管这种劝阻收效甚微，不仅联合国中5个常任理事国除了美国外全部加入了亚投行，而且连美国在亚太地区的传统盟友韩国、印度和澳大利亚都向亚投行伸出了橄榄枝。

尽管目前来看美国对于“一带一路”倡议的阻碍手段并未产生预期的效果，但不可否认的是美国的这种干预直接或是间接地阻碍了“一带一路”的正常发展进程。同时，美国在未取得成效的前提下并不会轻易放弃，“一带一路”的发展仍然会面临着极大的风险。

2. 开展恶性竞争

尽管早在2011年，美国时任国务卿希拉里就提出了“新丝绸之路”计划，主张以阿富汗为枢纽，将南亚、中亚和西亚串联起来，建立一条“能源南下”、“商品北上”的经济大动脉，但由于美国方面受经济危机影响，近年来经济状况不佳，当时正着力于恢复和发展本国经济，无暇顾及在其他地区的部署，最终导致这一计划不了了之。而中国当前提出的“一带一路”倡议不仅名称与“新丝绸之路”计划相似，而且无论是合作方向还是地域范围都涵盖了这一计划的全部内容①，且合作领域更广，覆盖地域更大。美国出于维护自身在这一敏感区域的权力以及制衡中国在这一区域日益增强影响的目的，有可能在未来的建设中开展恶性竞争。

由于美国具有在本国领土之外也能施以有效打击的军事实力，因此在保护陆上国家的政局稳定和经济建设方面具有天然的优势。在沿线国家大都面临民族宗教矛盾、经济发展问题的背景下，如果美国放任矛盾激化甚至是暗中助推，那么这一地区的局势将会十分混乱，最终各国的问题将唯有依赖美国的投放能力予以解决。此外，美国的企业同中国相比科技实力更强，实践经验更加丰富，同时在法律法规、环境保护方面更是具有无可比拟的优势，在对外投资的过程中如果以技术和经验等为饵，一再降低投资要求，中国企业将在恶性竞争中受到重创。

尽管近些年来美国在欧亚地区的具体事务中显得力不从心，但面对中国的强势参与，美国势必会同中国展开角逐。而一旦美国开展恶性竞争，将对中国企业的发展形成严峻挑战。

3. 在地区事务中设置陷阱

在中国推行“丝绸之路经济带”时，必定要建立和保持横跨欧亚经济大动脉线路的通畅。面对着这一复杂多变的地区安全形势，美国在制衡中国的过程中可能会利用这一客观条件设置陷阱。西亚地区在近年来受“阿拉伯之春”革

① 马建英：《美国对中国“一带一路”倡议的认知与反应》，《世界经济与政治》，2015 年第 10 期。

命影响，许多地区政局动荡。而在混乱的局势下，新兴的恐怖主义势力抬头，宣扬宗教极端主义，使得这一地区的民族宗教关系更加紧张。在“丝绸之路经济带”的建设中，安全问题仍然会是中国面对的首要问题。而假如美国在这片区域中利用自身的影响力推波助澜，并暗中资助一些国家内部的反对派，那将会使得这一区域内的局势更加复杂，进而阻碍中国在沿线国家的投资和建设。

对于美国来说，在地区争端中同时资助执政党和反对派是其惯用的手段。而如果它在“一带一路”沿线国家也利用反对派扰乱局势，那将会打乱“一带一路”的正常发展进程，甚至导致整体倡议的失败。

美国是当今世界最强大的国家，但近些年来中国的快速崛起让人们看到了超越美国的可能。正因为如此，美国将自身的工作重心放在了亚太地区，在保持同中国合作的同时又对中国的发展加以限制。而面对美国咄咄逼人的这种态势，中国也做出了应对。“一带一路”倡议便是中国向西发展，试图在欧亚大陆间开设一条经济发展生命线的尝试。面对中国的“一带一路”倡议，美国自然不会置之不理，将会采取相应的措施予以制衡。而在这种博弈中，外部环境的变化将有可能形成严重的政治风险。

二、“丝绸之路经济带”中的重点国家政治风险

对于我国来说，“一带一路”倡议是前所未有的尝试，代表着我国从借助世界经济发展自身向发挥大国优势带动周边地区发展转变。中国发展到了今天，也可以让其他国家搭上中国发展的“便车”，共同实现经济发展。然而中国在向外发展、向外探索的过程中，难免会遇到各种各样的问题。

这既是外向型经济发展的客观规律，又是在挫折中学习、在失败中进步的绝好机会。在“一带一路”倡议的推行过程中，风险自然也是不可避免的。而对于我们来说，认识和了解这些风险对于确保我国经济稳步发展，对于带动周边地区共同进步都是非常重要的。下面就用两个例子来具体说明在“一带一路”推行过程中陆上地区可能面临的政治风险。

（一）俄罗斯的政治风险

俄罗斯横跨欧亚大陆，是世界上领土面积最大的国家，也是目前“一超多强”格局下的几个强国之一，具有仅次于美国的军事实力。自苏联解体后，俄罗斯在陷入短暂的经济低迷后奋起直追，实现了明显的经济增长。在外交上，俄罗斯和中国之间相互合作、相互扶持，达成了较高程度的政治互信，在维持地区稳定和加强地区合作上贡献出了自己的力量。而在中国提出建设“一带一路”的倡议后，俄罗斯也积极参与，体现出了对中国的支持。尽管两国之间良好的关系使俄罗斯在现阶段表现出了对“一带一路”的支持，但我们应该注意到，“一带一路”倡议在陆地的部分经过的国家中有许多都曾是苏联加盟共和国，与现今的俄罗斯有着千丝万缕的联系。而俄罗斯凭借历史上和文化上的联系也将中亚与东欧的部分地区视作自己的势力范围，具有特殊的地位，不容他国染指。

俄罗斯的经济在金融危机爆发之后陷入了挣扎，从之前的高速增长转为发展缓慢甚至出现负增长。为了改变这种局面，为经济发展注入活力，俄罗斯也提出了一些经济战略。欧亚经济联盟便是俄罗斯在变革中做出的尝试，这一联盟成员国家包括5个国家，仅着眼于经济层面，以建立像欧盟一样的统一大市场为终极目标，在多个领域展开合作。但由于俄罗斯陷入低谷的经济状况很难为这一联盟的发展提供助力，因此这一联盟目前发展得较为缓慢，合作的水平也较低。尽管俄罗斯试图将合作拓展到更广泛的层面，但遭到了哈萨克斯坦的拒绝，从而无法实行。

俄罗斯在欧亚经济联盟上遇到的困境只是俄罗斯在各项事务中遭遇挫折的一个缩影，而这种现象则是根源于近年来俄罗斯经济发展缓慢带来的国家实力的削弱。俄罗斯在经济上的挣扎还引发了其在其他领域的问题。乌克兰危机的爆发使俄罗斯在外交上陷入困境，俄罗斯和欧盟针锋相对、互相指责，双方都不愿放弃在乌克兰的利益，最终导致双方原本还算融洽的关系彻底破裂①。此外，俄罗斯在打击恐怖主义的过程中，与土耳其也产生了许多矛盾，甚至险些引发“擦枪走火”，陷入十分紧张的境地。面对这些困境，俄罗斯也显得有些力不从心。俄罗斯与周边国家（或地区）之间的关系就像是大树和围绕着树干生长的藤蔓一样紧密共生。现今的俄罗斯尽管仍是世界上屈指可数的大国，但对于周边区域原来的附属势力的影响力逐渐缩减，许多国家与俄罗斯的联系也不像之前那样密切。

在俄罗斯对周边地区的影响力逐渐式微的背景下，中国提出“一带一路”倡议，试图带动欧亚地区走向振兴。考虑到欧亚地区丰富的自然资源、悠久的经济发展史、众多的人口以及庞大的资本，现有的发展水平并未完全发挥欧亚大陆的发展潜力。欧洲的发达国家近些年来受经济危机影响严重，欧盟的权威性受到质疑。亚洲地区仍然有许多发展中国家空有丰富的资源却无法带来经济增长，反而面临着严重的社会问题。在此背景下，中国适时地提出“一带一路”倡

① 赵鸣文：《乌克兰政局突变原因及影响》，《国际问题研究》，2014 年第 2 期。

议，试图通过中国的资金优势带动其他国家的发展，形成集聚效应，协助各国摆脱目前的困境。这个良好的倡议，改变了原有的欧亚地区力量对比，也影响了俄罗斯在这一地区中的固有地位。

俄罗斯的大部分领土都在亚洲，但本国的大部分人口都集中在欧洲地区，这也形成了俄罗斯兼顾欧亚、双向发展的历史传统，也因此获得了“欧亚双头鹰”的称号。自独立以来，俄罗斯一直将本国定位为欧洲国家，不断向欧洲靠拢。而欧盟由于历史上和现实中的考量，一直保持着对俄罗斯的戒备，使俄罗斯的“西进”尝试收效甚微。但作为一个地区大国，俄罗斯对此也未太过在意，反而保持东西双向发展的传统，在欧亚大陆的事务中具有较大的话语权。但近年来随着经济危机的影响持续发酵，俄罗斯的实力受到削弱，并陷入局部地区的乱局之中。而中国在此时提出的“一带一路”倡议着眼于整个区域的整合和发展，为周边各国的发展开辟了一条道路。但这一倡议却不可避免地对俄罗斯在欧亚地区的战略利益形成冲击，在两国之间形成隔阂。“一带一路”倡议提出之后，俄罗斯学者和媒体在初期并未表示支持。由于“一带一路”倡议主张加强亚欧腹地同中国之间的合作，因此一些俄罗斯学者将其视为中国的“西进”策略，是中国试图扩大在该区域影响力的尝试。在这样的情况下，俄罗斯也对“一带一路”产生了质疑，中俄之间就这一问题产生了分歧。俄罗斯科学院远东问题研究所副所长卢贾宁·谢尔盖·根纳季耶维奇就曾表示，“一带一路”倡议试图重构欧亚地区的经济格局，中国正在通过经济手段加强对这一地区的控制力①。这在客观上削弱了俄罗斯的影响力，引起俄罗斯的担忧。而俄罗斯的模糊不清的态度将会阻碍“一带一路”的推进过程，从而带来极大的政治风险。

面对俄罗斯的担忧，中国加强与俄罗斯的沟通，并将“一带一路”倡议同俄罗斯的“欧亚经济联盟”相结合，将俄罗斯纳入“一带一路”的主导国中，与其共同推动欧亚地区的经济合作，从而获得了俄罗斯的理解和支持。尽管目前来看，俄罗斯对“一带一路”倡议表示认同，但假如在“一带一路”的推行过程中真的触及俄罗斯的战略利益，势必会引起俄罗斯的反弹，从而威胁这一进程。中国必须认识到，中俄之间长期以来的友好关系固然依赖于双方的政治互信，但也是以双方的共同战略利益为基础的。一旦中国影响到俄罗斯在欧亚地区的战略利益，俄罗斯将会采取反制措施予以回应，从而构成“一带一路”建设中的潜在风险。

（二）阿富汗的政治风险

阿富汗局势就像是一个随时可能引爆的炸弹。由于历史和现实的原因，阿富汗在各方势力的影响下呈现出一片乱局。“一带一路”倡议想要顺利开展，中国就必须处理好阿富汗问题。

要想处理好阿富汗问题，我们必须要了解这一问题的由来。阿富汗动乱的源头可以追溯到20世纪。阿富汗国内一直存在着多股力量，但导致阿富汗陷入今天这个局面的转折点，还是美国以“反恐”名义联合反塔利班联盟推翻塔利

① 《俄罗斯对“一带一路”态度的转折：拿捏之后 战略融入》，http：//n. cztv. com/news 2014/11865273. html。

班政权。在此之后，美国扶植建立了卡尔扎伊政府，试图通过建立所谓的民主政府来遏制这一地区的动荡，为美国对这一地区的控制服务。但这只是美国一厢情愿的想法，残余的塔利班分子并没有被消灭，反而转入阿富汗山区，暗中开展反对活动①。塔利班作为一个伊斯兰教极端组织，它主张建立伊斯兰酋长国的想法同美国主张建立的不切实际的民主政体相比更符合阿富汗人民的需求，因此塔利班以对抗外国侵略者的英雄形象得到了许多本国民众的支持。现今的塔利班在多重攻势下已掌控了阿富汗的大部分领土，对美国支持的阿富汗政府步步紧逼，逐步取得了对国内局势的主导权。在此背景下，作为美国在阿富汗利益代表的现政府同美国之间也貌合神离，反而凭借着相同的文化和民族背景同塔利班展开对话。这种错综复杂的关系使得阿富汗的局势宛如一个泥潭，美国不知不觉间已深陷泥潭，最后不得不留下一个“烂摊子”，仓促撤军。

塔利班作为一个伊斯兰教极端组织，在发展的过程中逐渐显现出它的极端性。早期，塔利班还只是与恐怖主义相联系，为恐怖组织提供庇护，但随着政权被推翻，它所奉行的宗教极端思想的激进性和极端性逐渐暴露，它本身逐渐发展成了一个恐怖组织。中国在对阿富汗地区的投资中就经常受到塔利班武装的威胁。2008 年 6 月，中资公司的一名中国员工就曾在阿富汗中部瓦尔达克省被劫持，虽然最后被成功营救，但仍对被劫持员工的身心健康造成了巨大伤害。2010 年 1 月，塔利班再次高调宣称绑架了两名中国工程师，并宣布将对其进行宣判。中国在当时与阿富汗的经贸往来较多，许多中国企业（例如，中铁十四局、中国水利水电建设集

---

① 赵干城：《阿富汗问题与亚洲的安全治理》，《南亚研究》，2015 年第 1 期。

团、中冶和江西铜业等）都在阿富汗进行投资①。但近年来，塔利班不断扰乱阿富汗国内秩序，并进入了阿富汗地区。由此给中国企业在外员工的人身安全造成了重大威胁，也加剧了中国企业在外投资的风险，使中国企业在阿富汗地区投资的前景不断恶化②。而除了无处不在的恐怖主义威胁，阿富汗地区的民族、宗教问题同样严重。多民族的现状形成了多方势力，而阿富汗国民对伊斯兰教的普遍信仰使得宗教极端思想在这里得到了发展，为恐怖主义的滋生创造了条件。长期的经济发展迟缓不仅产生了许多的难民，更使阿富汗政府缺乏公信力。在这样的背景下，外国在阿富汗的投资受到极大地威胁，许多国家选择撤出资本，更使得阿富汗的经济雪上加霜。如果这样的恶性循环持续下去，阿富汗的发展前景将是一片灰暗。

中国提出的“一带一路”倡议主张兼容并蓄，自然也会对阿富汗地区进行经济援助。但考虑到阿富汗地区复杂的局势所带来的巨大风险，中国须时刻保持警惕。在投资选择上要审慎考虑、细致考察，在推动阿富汗地区经济发展的同时也要保证自身在外的资产安全和在外务工人员的人身安全。只有做到了这些，中国才能在未来的发展中规避风险，才能真正落实“一带一路”倡议，促进欧亚地区的联动，挖掘这一区域的发展潜力。

---

① 《塔利班绑架中国工程师 阿富汗未来或成中国麻烦》，http：//world. huanqiu. com/roll/2010 - 01/694207. html。

② 黄民兴、陈利宽：《阿富汗与“一带一路”建设：地区多元竞争下的选择》，《西亚非洲》，2016 年第 12 期。

第三节
“海上丝绸之路”沿线的政治风险

“一带一路”倡议的顺利推进，除了与“一带一路”国家的国内政局发展密切相关，也可能会受到域外大国的影响。由于“一带一路”沿线许多国家对内面临领导人交接、民主政治转型、民族冲突等多重矛盾，对外沦陷为大国博弈的战场，“一带一路”可能面临的政治风险已经成为“一带一路”倡议推进及中国企业走出去的最大风险。对“一带一路”沿线国家的政治风险进行分析与评估，已经成为当前中国国际问题研究最为急迫的任务之一[①]。政治风险不容小觑，一旦发生，会给投资者带来巨大损害，只有对“一带一路”面对的政治风险类型进行客观梳理与评估，才能基于“一带一路”的倡议更好地推动中国对外直接投资的发展。

一、“海上丝绸之路”政治风险的来源

“21 世纪海上丝绸之路”能够加强中国与沿线国家的合作，但是我们必须重视它可能遭遇的政治风险。其中，可能面临的主要政治风险是指大国博弈和互信不足造成的风险、

① 《“一带一路”列国投资政治风险研究》，http：//opinion. china. com. cn/event_ 3916_ 1. html。

沿线地区动荡或国家内部局势不稳造成的风险等。为使对“海上丝绸之路”政治风险的分析更具有针对性，我们不考虑传统的政治风险类型，而是按照西方学者杰弗里对政治风险分类的方法，研究视角从政治风险是起源于国际环境层面还是国内环境，将“21世纪海上丝绸之路”所面临的政治风险分为国际环境制约产生的政治风险和国内环境不稳定产生的政治风险。将来源于东道国内部的政治风险称为国内环境不稳定产生的政治风险，或内部性风险。内部性风险又可分为东道国社会因素不稳定产生的风险和东道国政局不稳、政策发生变化时产生的风险。

（一）国际环境制约产生的政治风险

1. 大国博弈可能产生的政治风险

随着全球化进程的加快，国家与国家之间的联系越来越密切，一个国家的政策也会或多或少影响其他国家的发展，国家之间存在博弈关系，尤其是大国之间的博弈与“海上丝绸之路”倡议的顺利实施息息相关，良好的国际环境对中国推行“海上丝绸之路”有着至关重要的影响。“海上丝绸之路”涉及范围之广使其实施起来可能充满变数，除了离不开沿线各国的积极响应，也需要域外大国的支持。截至目前，中亚、西亚、南亚等一些发展中国家对中国提出的“海上丝绸之路”倡议表示鼓励和支持，但是一些西方国家把中国影响力的增强当作挑战现有国际秩序的新力量，因此对中国提出“一带一路”倡议表示怀疑。“21世纪海上丝绸之路”面临的首要政治风险是来自部分西方国家对中国“海上丝绸之路”倡议的误判或者别有用心的解读。大国战略判断和政策立场对“海上丝绸之路”的推进具有重要影响，但其可能产生的政治风险不可小觑。

美国作为当今世界第一超级大国，在“一带一路”倡议中扮演的角色不容忽视。首先，美国虽然不是“一带一路”沿线国家，但是沿线众多国家与美国是盟友或伙伴关系，因此美国可能在一定程度上决定沿线国家对“海上丝绸之路”的参与程度。其次，美国作为当今世界国际秩序的缔造者，有能力利用现有国际规则和地区机制来影响中国“一带一路”倡议的推行；有能力利用自己的影响力拉拢亚洲区域大国对中国进行牵制，阻碍中国的发展。

追溯历史不难看出，冷战结束后，由于中国与美国两国在政治制度和文化意识的不同，使得美国始终把中国当作其潜在竞争对手，一直希望能够牵制中国的发展，抑制中国的崛起。随着中国在亚太地区领导地位凸显，并在国际新秩序和全球经济治理方面越发具有影响力，美国愈发担心中国的崛起会取代其在亚太地区乃至全球的主导地位，试图将战略中心由中亚地区向亚太地区转移，保证其在亚太地区的绝对控制力。由美国提出的“亚太再平衡”战略，更是试图利用外交、经济、军事等多方面手段对中国进行制衡。

亚太地区指西太平洋地区，属于航海命脉，具有极佳的地缘优势。目前全球通用国际航道 16 条中就有 6 条在亚太地区，其中被称为“东方海上生命线”的马六甲海峡全长约 1080 千米，最窄处只有 37 千米，是连接沟通太平洋与印度洋的国际水道，一直处于掌控全球战略资源输送和军事力量投送的重要位置①。亚太地区因其独特的地理位置成为经济、军事战略要地，美国“亚太再平衡”战略的核心就是保证自身在亚太地区的主导权，加强对中国的遏制措施②。

---

① 武天骄：《美国“亚太再平衡”战略的影响及中国对策研究》，延边大学硕士学位论文，2016 年。

② 楼春豪：《21 世纪海上丝绸之路的风险与挑战》，《印度洋经济体研究》，2014 年第 5 期。

因此，“亚太再平衡”战略会对中国“海上丝绸之路”倡议的推行带来巨大的影响。

近年来，美国在亚太地区动作频频，不得不引起中国的警惕。

首先，美国巩固原有同盟关系，拉拢新伙伴牵制中国。美国与亚太地区的同盟国日本、澳大利亚、菲律宾等国家加强合作伙伴关系，把他们当作立足亚太的基础。在实施“亚太再平衡”战略的同时，美国还积极促成“印太战略”，将印度纳入自己的战略伙伴关系网，这不但使中印关系的发展具有更大的不确定性，而且利用日本和印度这两个大国在印度洋—太平洋的战略空间实现对中国的制衡。同时，美国还注重培养和印度尼西亚、新加坡等国家的关系，把在该区域具有影响力的国家拉拢过来，在东南亚地区放低姿态，积极开展多边外交，参与区域合作和多边合作机制，促使东南亚各国与美国达成共识。美国企图担任“离岸平衡手”的角色，利用外交手段在政治上孤立中国，削弱中国对周边国家的影响力，利用东南亚地区其他国家力量制衡中国，使中国周边形势暗流涌动。

其次，美国利用军事力量威胁中国周边安全。2015 年，美国公布了《21 世纪海权合作战略》，该版新海洋战略强调持续维持“亚太再平衡”战略，积极推进“印太战略”转型，增强在亚太地区的军事部署，以达到在海洋地区遏制中国的目的。美军还逐步增加在亚太地区军事演习频率，扩大演习规模，并格外注重与东南亚各国，特别是南海沿岸国的联合军演活动，以此推进落实“亚太再平衡”战略①。美国

---

① 《美国在亚太地区的军力报告（2016）》，http：//www. globalview. cn/html/military/info_14892. html。

主要通过两个方面加强自身在亚太地区的军事影响：一是利用盟军力量维持地区力量平衡；二是加强自身在亚太地区的战力部署，确保自身军事力量的绝对优势。“美国在日本、韩国、菲律宾等周边国家拥有多个海空军基地，美国虽远在天边，但其军事力量部署的确近在眼前。这不仅可以将自己的势力更多地渗透进亚太地区，也成功地对中国造成战略挤压，打击中国崛起势头，形成对中国的‘围堵联盟’”①。

最后，插手南海问题，扰乱中国与周边国家友好外交关系。一直以来，中国对周边国家都是采取睦邻友好政策，但随着中国经济的发展和综合国力提升，使得周边一些国家用有色眼光看待中国，对中国的强大产生认知上的误差，尤其是与中国有领土和海域主权争议的国家。南海是中国对外贸易海上通道的门户，是“海上丝绸之路”倡议优先发展地区，对建设“海上丝绸之路”起着至关重要的作用。南海问题是中国与东盟国家之间以及东盟内部的领土争端与海洋权益划分问题，争端已久，涉及中国大陆、越南、菲律宾、马来西亚、文莱、印度尼西亚、中国台湾等六国七方，理当由南海域内相关国家和地区通过和平谈判解决问题，但是美国深入介入南海的意图增强，从幕后走到台前，使中国与周边国家和地区解决海域问题复杂化。美国鼓动菲律宾搞出南海仲裁案，令南海问题急剧增温，局势一度十分紧张。

中国推进“海上丝绸之路”将不可避免与美国在东南亚势力发生接触。虽然中国的“海上丝绸之路”倡议是合作倡议、发展倡议、开放倡议，旨在强化与沿线国家的政策沟通、道路联通、贸易畅通、货币流通和民心相通，营造有利于各国发展的外部环境，但鉴于美国将中国作为主要战略

---

① 胡晔：《浅谈美国在亚太地区的战略利益》，《云南社会主义学院学报》，2013 年第 5 期。

竞争对手，其对中国的“海上丝绸之路”心存担忧①。中美大国博弈势必成为影响中国实行“海上丝绸之路”不可回避的政治风险之一。

2. 中国与沿线国家存在双边互信不足问题

中国与沿线国家人文交流不够，有的国家与中国还存在领土领海争端等历史遗留问题，因此对中国一直心存芥蒂。在“海上丝绸之路”沿线地区，印度和东盟国家发展势头迅猛，成为亚洲新兴经济体。印度作为印度洋最有影响力的国家，中国“海上丝绸之路”经马六甲海峡向外延伸，印度洋是必经之路。东盟国家是东南亚地区的主人，南亚和东南亚都是中国落实“海上丝绸之路”倡议的重点区域，因此，中国应当考虑这些国家对中国在“海上丝绸之路”倡议实施过程中存在某些不确定性，损害自身国家利益的担心，认真评估沿线国家因双边互信不足可能对“21世纪海上丝绸之路”倡议造成的政治风险及其建设产生的影响。

（1）中印互信关系问题。印度由于其得天独厚的地理位置使其在印度洋上的影响不可忽视。印度是南亚次大陆地区的政治、经济和军事大国，东部有缅甸、孟加拉国，北与尼泊尔、中国相接，西与巴基斯坦为邻，濒临孟加拉湾和阿拉伯海。印度有着优越的地缘政治环境，南亚次大陆独立的地理单元有利于印度安全的维护，面向印度洋漫长的海岸线则是印度安全的屏障，也是印度向外发展的宽阔通道②。

印度一直有大国情节，印度开国总理贾瓦哈拉尔·尼赫鲁（Jawaharlal Nehru，以下简称“尼赫鲁”）曾在《印度的发现》一书中明确提出，“印度以它现在的地位，是不能在

---

① 楼春豪：《21世纪海上丝绸之路的风险与挑战》，《印度洋经济体研究》，2014年第5期。

② 胡娟：《印度介入南海问题的原因和举措》，《东南亚南亚研究》，2013年第2期。

世界上扮演二等角色的。要么做一个有声有色的大国，要么销声匿迹。”①尼赫鲁认为，印度要成为从东南亚地区到中东地区的经济与政治中心。因此，印度对中国提出的“21世纪海上丝绸之路”心存警惕。一方面，印度虽然已经摒弃冷战时期的南亚门罗主义，但仍有不少人将南亚和印度洋视为“势力范围”，对其他大国（甚至包括美国）在该地区的影响力保持警惕；另一方面，中印两国依然存在安全互信缺失的问题，印度国内不少人担心中国利用军事优势“侵占”争议领土，或担心中国在印度洋构筑包围印度的“珍珠链”，对中巴关系的走近更是非常警觉②。

中印两国互信缺失根源于以下几个方面：

首先，中国和印度实力上的差距使印度对中国抱有敌对情绪。国家实力体现在综合国力的方方面面。中国和印度都是新兴市场国家，中国的发展得到了全世界的关注，毋庸置疑已跻身大国行列，政治、军事、民生、文化等各方面都很出色，甚至在某些领域超越了发达国家。尽管印度近年来发展势头迅猛，综合国力有很大的提高，但是将印度与中国的综合数据相比则失色不少，这对一向拥有大国情怀的印度来讲是很大的打击。因此，印度把中国当做首要的竞争对手。

其次，印度认为中国挑战其地区霸权，不利于双方增进彼此信任关系。冷战结束后，大国势力撤出南亚。一方面，印度加强自身军事海洋力量，确保对南亚地区具有控制力；另一方面，印度又时刻提防其他国家对南亚区域的干涉。但随着经济全球化的推进，中国加强了与南亚国家的贸易往来，印度对中国与南亚国家的交往十分警惕，害怕中国影响

① 尼赫鲁：《印度的发现》，世纪知识出版社1956年版。

② 楼春豪：《21世纪海上丝绸之路的风险与挑战》，《印度洋经济体研究》，2014年第5期。

印度在南亚地区的绝对地位。并且印度与巴基斯坦纠缠不清，甚至时常发生军事冲突，但是中国和巴基斯坦是“巴铁”兄弟关系，还为巴基斯坦提供军事援助，这些行为都导致印度对中国产生敌对情绪，使印度在国家实力建设和主导南亚事务过程中或多或少感受到来自中国的压力。

最后，印度“中国威胁论”甚嚣尘上，增大印度对中国的猜忌。印度提出的“中国威胁论”的现实背景是1962年中印爆发边界战争，印度的惨败让印度意识到了中国与印度军事力量之间的差距，并且认为中国很有可能会侵犯印度领土，造成民众恐慌，因此提出了“中国威胁论”。印度对“中国威胁”的认知主要体现在以下5个方面：一是中印边境问题；二是中国崛起将挑战印度在南亚的势力范围及其主导地位；三是中国崛起将威胁印度作为印度洋主导国家的地位；四是中国日益提升的军事实力将威胁印度的安全；五是中国崛起导致印度担心亚洲可能变成一个单极地区，影响印度在亚洲的地位[①]。尽管中国曾一再表明即使力量强大也不会称霸，中国倡议构建和谐世界，但是印度误解中国意图，并且将中国与印度周边国家的友好交往当作对印度的遏制并进行阻止，这种行为不利于中印关系的增进。

中印之间复杂的关系影响政治的不确定性，在“海上丝绸之路”倡议提出后不久，莫迪政府提出了“季风计划”，希望与印度洋地区各国家在文化方面达成共识，增强印度文化软实力。就现有信息来看，尽管“季风计划”尚缺少具体内容和战略设想，但名称本身就蕴含着印度政府的远大战略追求，即在从南亚次大陆到整个环印度洋的广大区

---

① 李晓：《“一带一路”战略实施中的“印度困局”——中国企业投资印度的困境与对策》，《国际经济评论》，2015年第5期。

域内打造以印度为主导的地区合作新平台①。也有学者认为这是对中国“一带一路”的回应，有深层的战略内涵②。尽管印度官方并未将“季风计划”解读为“一带一路”倡议的反制计划，但从某种层面表达了印度对“一带一路”持有戒心。

（2）中国与东盟互信不足问题。除印度外，中国与东盟国家也存在互信不足问题。东盟近年来发展势头良好，东南亚众多地区拥有丰富的自然资源，中国与东盟国家的贸易往来频繁，但是中国与东盟国家仍然存在彼此互信不足的问题。“海上丝绸之路”的建设离不开东盟各个国家的参与和支持，中国与东盟国家之间的政治互信不足问题也成为“海上丝绸之路”可能遭遇的政治风险。

东盟是东南亚地区具有主导地位的国际性区域组织，成员国包括该地区的 10 个国家。东盟自成立以来发展迅猛，在区域合作方面发挥越来越重要的作用，东盟国家秉着“协商合作，和谐发展”的价值观念使东盟在促进东南亚一体化过程中扮演着重要角色。目前，东盟国家与其他国家的合作呈现出新的特点，很多非东盟国家通过“东盟 + N”的方式参与地区合作和制度建设，这是东盟国家在国际合作过程中表现出来的自信，也体现出东盟国家希望国际合作可以以东盟为中心。中国建设“海上丝绸之路”倡议应当寻求和东盟国家发展战略的对接，促进双方的发展，但是彼此存在的一些信任不足问题可能会使双方合作受到影响。

首先，中国崛起引发中国与东盟的信任危机。随着中国

---

① 胡仕胜：《“海上丝路”与“季风计划”的对接空间》，http：//news. xinhuanet. com/globe/2015 - 03/16/c_ 134064582. htm.

② 陶亮：《“季节计划”、印度海洋战略与“21 世纪海上丝绸之路”》，《南亚研究》，2015 年第 3 期。

经济的快速发展，中国政治军事实力也得到了增强，中国在世界的影响力越来越大，而东盟国家大都是一些发展中国家，曾经有过悲惨的殖民地经历，格外看重自己的主权，东盟担心中国的强大可能会危及自身安全，对中国始终抱有戒心，怀有不信任的态度。而且西方国家在东南亚地区大肆散布“中国威胁论”，加重了东盟对中国势力强大后会采取对外扩张战略的担心。

其次，南海争端加深彼此互信不足问题。南海问题得不到妥善解决，势必影响中国与东盟国家进一步合作。东盟一些成员国与中国有海域之争，虽然中国政府一直强调：“南海问题只是中国与部分东盟国家之间的问题，不是中国与东盟之间的问题；只是中国与东盟国家合作当中的一个局部问题，不是中国与东盟关系的全部。”① 东盟国家担心中国诉求武力解决南海争端，因而希望域外大国参与南海问题，还有国家企图利用东盟一致化原则扰乱中国与同盟关系。

最后，域外大国势力渗透，减弱中国与东盟国家彼此互信关系。美国的“重返亚太”战略对东盟的拉拢不利于中国与东盟互信关系的促进，使中国与东盟的合作在某种程度上受到约束。而且美国在东南亚地区的回归会使东盟增强对美国政治军事的依赖，不利于中国在东南亚地区影响力的提高。在军事方面，美国加强与东盟的军事演习，增强彼此军事上的联系，干预南海问题，企图将南海问题国际化，不利于中国与东盟国家南海问题的解决。在外交方面，美国积极拉拢东南亚国家，巩固或修复彼此关系，尽管东盟采取大国平衡外交政策，但是美国的参与仍会破坏中国与东盟国家的

---

① 刘振民：《南海问题只是中国与东盟合作中的一个局部问题》，http：//www.chinanews.com/gn/2015/10－20/7580031.shtml。

经济务实合作，不利于中国和东盟国家的经济发展。

具体到“海上丝绸之路”倡议上，虽然中国能够提供东南亚国家一些急需的基础设施，促进东南亚地区的发展，但是东盟国家认为中国仍有其他战略上的考虑（例如，发挥中国经济影响力、文化影响力等），不仅仅是为了促进双方经济发展，害怕中国利用“海上丝绸之路”超越东盟成为东南亚地区的主导者。因此，中国与东盟国家的互信不足问题可能会使“海上丝绸之路”遭遇政治风险。

3. 大国干预东道国内政产生的政治风险

传统的政治风险将视野局限在东道国内部，只考虑国内可能发生的政治风险，并没有考虑到国内风险的发生离不开东道国所在的政治环境，和大国博弈、地缘政治有着密切的联系，甚至某些政治风险的发生就是大国博弈的结果。从这个角度分析，世界大国或域内大国可能通过给予东道国压力或干涉东道国内政来阻碍中国“海上丝绸之路”的推进，构成中国“21 世纪海上丝绸之路”可能承担的政治风险。

东南亚是亚洲大陆东南部向海洋的自然延伸，是连接东亚大陆与太平洋、印度洋的重要枢纽。从地缘政治的角度来看，东南亚地区是亚洲东南部大陆与海洋的重要战略缓冲地带，美国、中国、日本、印度、欧盟成员以及积极走向一体化的东盟国家等各方力量汇聚于此，因此，这里也必然成为各种力量争夺的场所①。东南亚地区和南亚地区都是“海上丝绸之路”的关键，但是这些地区各国势力交错，大国势力很有可能通过对结点国家施加压力，干预别国内政来阻碍“海上丝绸之路”的实施。

在东南亚地区和南亚地区，美国、日本、印度的国际影

① 曹云华，唐翀：《东南亚：新世纪中国外交的前沿》，《暨南学报》，2006 年第 2 期。

响不容忽视。东南亚地区独特的地理位置和丰富的自然资源成为大国的焦点。无论是美国的“重返亚太”战略还是印度的“东进战略”，其根本目的就是争夺在该地区的主导地位，制衡中国的发展。域外大国或者域内强国对“海上丝绸之路”沿线国家的拉拢很可能使沿线国家迫于压力选择阻碍中国倡议的实施。以斯里兰卡科伦坡项目的叫停为例，阐述大国干预可能使“海上丝绸之路”遭遇的政治风险。

专栏1－4

中国在斯里兰卡科伦坡项目风波

斯里兰卡与印度隔海相望，被称为“印度洋上的珍珠”，靠近欧亚国际货运主航线，在转运、中转和补给等方面具有天然的优势[①]，属于印度洋交通要塞，因其具有极好的地缘政治优势，成为中国“海上丝绸之路”倡议中具有重要作用的节点国家。斯里兰卡与中国关系友好，交往甚为密切，在应对斯里兰卡境内恐怖主义等问题上，中方对其给予理解和支持，维护斯里兰卡局势的稳定。2009年，斯里兰卡内战结束后，中斯关系稳步发展。2013年，斯里兰卡时任总统拉贾帕克萨访华，两国宣布将中斯关系提升为真诚互助、世代友好的战略合作伙伴关系[②]，但是2015年1月大选之后，斯里兰卡于2015年3月暂停了科伦坡港口城的项目，直到2016年4月，斯里兰卡总理访问中国前夕，才宣布恢复该项目。虽然科伦坡港口城项目已恢复建设，但其中产生的政治风险应引起我们深思。

从国际环境来看，美国、日本、印度等国对斯里兰卡的压力与科伦坡项目被叫停有一定的联系。中国在斯里兰卡的投资引来他国特别的关

---

① 任琳、牛桓：《“一带一路”投资政治风险研究之斯里兰卡》，http：//opinion. china. com. cn/event_ 39161. html。

② 任琳、牛桓：《“一带一路”投资政治风险研究之斯里兰卡》，http：//opinion. china. com. cn/event_ 39161. html。

注。这些国家不顾斯里兰卡的发展状况，纷纷采取相应的措施影响斯里兰卡，以达到它们各自的目的。斯里兰卡这样的国家就如棋盘上的棋子被随意摆布[①]。从斯里兰卡大选来看，美国与印度干预了斯里兰卡的政治走向，对中国友好且引进大量中国资本的时任总统拉贾帕克萨谋求连任失败[②]，拉贾帕克萨的前卫生部长西里塞纳当选为斯里兰卡新一届总统，右翼民族联合党领袖拉尼尔·维克勒马辛哈（Ranil Wickremesinghe）当选为总理，他们上任后很快就采取了更加亲印和亲美的政策[③]。西方媒体分析，斯里兰卡会逐渐摆脱经济上依附中国的局面，甚至联合印度、美国来制约中国在印度洋地区的发展[④]。

（1）印度拉拢斯里兰卡。印度一直将斯里兰卡、马尔代夫、尼泊尔等南亚国家视为其“势力范围”，对中国与这些国家发展关系保持警惕。中国企业在斯里兰卡建设港口、发电站，中国政府在马尔代夫开设大使馆、中国企业在尼泊尔建设发电站等，都曾引起印度的不满[⑤]。因为斯里兰卡与印度的特殊位置，印度对中国在斯里兰卡的投资始终存有戒心，担心中国与斯里兰卡合作会损害印度在印度洋的主导位置。2015年3月，印度总理访问斯里兰卡，印度强调保持两国传统友好关系，恢复昔日在斯里兰卡的影响力；占据斯里兰卡市场，增加双方经济的相互依赖性；平衡、削弱中国在斯里兰卡的影响[⑥]。

（2）美国、日本对斯里兰卡的支持。西方观察家把中国在汉班托

① 唐鹏琪：《斯里兰卡科伦坡港口城市项目的现状与前景分析》，《南亚研究季刊》，2015年第4期。

② 叶海林：《印度南亚政策及对中国推进“一带一路”的影响》，《印度洋经济体研究》，2016年第2期。

③ 唐鹏琪：《斯里兰卡科伦坡港口城市项目的现状与前景分析》，《南亚研究季刊》，2015年第4期。

④ Nilanthi Samaranayake：“Are Sri Lanka's Relations with China Deepening? An Analysis of Economic, Military, and Diplomatic Data”, *Asian Security*, 2011年第2期。

⑤ 唐鹏琪：《斯里兰卡科伦坡港口城市项目的现状与前景分析》，《南亚研究季刊》，2015年第4期。

⑥ 李捷、王露：《联盟或平衡：斯里兰卡对大国外交政策评析》，《南亚研究》，2016年第3期。

特港口和科伦坡港口的投资看成是进一步完善“珍珠链”的举动。这些项目成为西方媒体以及分析家眼中的具有重大战略意义的中国投资项目[①]。美国主流社会对中国在印度洋区域影响力的扩大持有戒心，认为中国将会挑战美国在印太地区主导地位。为了减弱中国在印度洋海域的影响力，巩固自身的势力范围，美国使用外交手段插手斯里兰卡国内事务，挑拨中斯关系。2015 年，美国副国务卿访问科伦坡，并在经济上对斯里兰卡出口重新采取关税特惠制，期限至 2017 年 12 月 31 日[②]。除此之外，日本海上能源的运输离不开斯里兰卡的地缘位置，所以日本也积极通过技术合作、提供海上安全帮助、优惠贷款等手段拉近和斯里兰卡的关系。美国、日本的上述举措都会在一定程度上影响中斯关系。

“海上丝绸之路”沿线国家大多是发展中国家，经济发展程度不高，有的沿线国家还未与中国建立经贸往来关系，与中国有经贸关系的国家也大都在经济上倚靠中国，在政治、军事上依赖以美国为首的西方大国。这些国家通常受大国博弈、地缘政治的影响，为提高自身政治地位，甚至不惜搁置与中国合作的项目向西方国家示好，这也是中国实施“海上丝绸之路”不可忽略的政治风险。

4. 非传统安全威胁产生的政治风险

“21 世纪海上丝绸之路”的南线——从南海到南太平洋一线以及经过马六甲海峡至印度洋、红海一线，国际政治形势复杂，不仅存在海盗、恐怖袭击威胁，且马六甲海峡、印度洋地区不确定性因素过多[③]。因此，“海上丝绸之路”面

---

① Nilanthi Samaranayake：“Are Sri Lanka's Relations with China Deepening? An Analysis of Economic, Military, and Diplomatic Data”, *Asian Security*, 2011 年第 2 期，第 122 页。

② 唐鹏琪：《斯里兰卡科伦坡港口城市项目的现状与前景分析》，《南亚研究季刊》，2015 年第 4 期。

③ 高荣伟：《“一带一路”建设面临的风险及对策》，《国际商务财会》，2015 第 6 期。

临的政治风险还可能来自非传统安全的威胁。非传统安全威胁主要包括恐怖主义、贩毒走私、严重传染性疾病、海盗活动、非法移民、经济金融安全和信息安全等方面的内容①。非传统安全通常具有跨国性质，不再局限在各国国家疆域内，通常涉及广泛的区域。非传统安全威胁产生的危害是非常严重的，不仅不利于东南亚各国社会稳定和经济发展，而且还会造成财产损失和人员伤亡。

随着我国与东南亚沿海国家的贸易往来密切，海上运输成为彼此运输货物的主要方式，但是东南亚海域可能发生的海上恐怖袭击等不安全因素势必会威胁到“海上丝绸之路”的建设。“21 世纪海上丝绸之路”横跨太平洋和印度洋，东南亚成为“海上丝绸之路”的必经之地，“海上丝绸之路”还经过被称为“海上十字路口”的马六甲海峡。马六甲海峡因其独特的地理位置成为世界上最繁忙的海上通道之一，这一航线不仅对印度洋—太平洋地区国家具有极重要的战略位置，对世界经济贸易、能源运输也起着至关重要的作用，并且马六甲海峡航道狭窄，水浅滩多，大型轮船速度慢，因此成为东南亚海盗、海上恐怖主义力量想要袭击的首选区域。印度尼西亚国家情报局局长亨德罗布里约诺强调，据被抓获的武装分子招供，恐怖组织一直在筹划对具有重要战略意义的马六甲海峡发动袭击②。

东南亚地区海上恐怖袭击频发的主要原因包括：（1）海盗势力猖獗。在东南亚地区，印度尼西亚和马六甲海峡是海盗肆虐的重灾区。据统计，单是海盗袭击导致轮船上货物受损，全球 60% 的袭击事件都发生在马六甲海峡。全球每年

① 王光厚：《东南亚的非传统安全问题》，《外国问题研究》，2011 年第 1 期。

② 《印尼国家情报局局长称恐怖组织策划袭击马六甲海峡》，《解放军报》，http：//mil.news.sina.com.cn/2004－08－26/1102221035.html。

因马六甲海峡海盗活动造成的直接经济损失就达160亿美元以上。首先，东南亚优越的地理位置为海盗袭击提供了天然的屏障，其主权属于马来西亚、新加坡、印度尼西亚3个国家，因主权问题海岸警卫队追捕受阻，海盗易逃脱。其次，东南亚地区政局动荡不安，民众生活困难，使一些人为维持生存铤而走险。最后，各个主权国家军事投入小，不具备抗击追捕海盗的设备，并且东南亚一些国家腐败问题严重，官员与海盗同流合污，帮助海盗逃脱追踪和调查。这些都使得在东南亚海域财物被海盗抢劫的事件频频发生。

（2）恐怖主义袭击造成恐慌情绪蔓延，不利于航海通道的构建。首先，东南亚国家处于政治转型时期，政治发展不平衡，民众对新生的民主制度不适应，习惯于使用偏激手段表达自己的政治主张，为恐怖主义的产生提供了生存条件。其次，“基地”组织对极端派的帮助助长了东南亚地区恐怖主义势力，使其有能力策划组织恐怖事件。最后，东南亚海域是能源运输的重要途经水域，恐怖主义瞄准马六甲海峡等重要航道作为袭击目标，从而可以达到扩大恐怖主义震慑力的目的。这些因素都对东南亚海域航海运输安全构成威胁。

（3）恐怖主义和海盗有相结合的趋势。一些东南亚的恐怖主义组织开始考虑和马六甲的海盗共同瓜分马六甲的地盘，从中获取非法利益①。海盗组织可以为恐怖主义提供“海上信息网”，帮助他们获取信息，制定计划；恐怖主义可以为海盗组织提供军火武器，帮助海盗抢劫逃离。一旦恐怖势力和当地海盗组织相互串通，利用海盗提供的情报来发动袭击，使过往马六甲海峡的商船或油轮受到损害或者危害

① 《马六甲海峡海盗和恐怖组织猖獗形势紧张》，http：//news. sina. com. cn/w/2004 - 06 - 04/03342710432s. shtml。

船上人员生命安全，势必造成恐怖情绪蔓延。因此，海盗与恐怖主义勾结成为目前马六甲海峡面临的最主要的安全风险之一。这也是中国构建“21世纪海上丝绸之路”不得不面对的政治风险。

（二）国内环境不稳定产生的政治风险

“海上丝绸之路”面临的政治风险也可能来自东道国国家内部，由东道国国内环境的不稳定引发。它会对“海上丝绸之路”的实施产生直接影响。东道国国内产生的政治风险主要是由政治、社会和经济三个方面因素造成的。政治因素产生的风险包括：政局动荡、政策的连续性、政府违约、腐败等因政治力量造成的风险，东道国国内政治具体情况直接决定政治风险发生的概率。社会因素产生的政治风险包括：宗教冲突导致的内乱和战争、反政府示威、恐怖主义等造成的风险，社会因素通常造成难以预料的政治风险，与东道国国家内政治、经济、文化多方面相关，情况最为复杂。经济因素是指收入差距水平、人均GDP、经济增长率等因素，经济发展状况较好的国家往往不容易产生政治风险，而经济不稳定的国家则政治风险发生的可能性较大。经济因素与政治因素、社会因素息息相关，三者相互影响。这些政治、社会和经济因素都可能会产生政治风险，使“海上丝绸之路”建设蒙受损失或人员伤亡，所产生的影响不容忽视。

1. 由政治因素导致的跨国企业投资受损

（1）东道国政局是否稳定对外国投资者投资决策具有重大的影响。东道国国内经济环境稳定，利于跨国企业进行投资。东道国政府及国家政权更迭、政治不稳定会导致东道国政治、社会动乱，甚至会引发社会骚乱、游行示威、内战等，政治秩序的混乱会影响东道国的对外经济发展和国家稳定，使外国企业处于不稳定的外部经营环境中，从而直接或者间接使跨国企业无法正常经营，这是中国推行“海上丝绸之路”倡议在东道国国家内可能遭受的最紧迫的政治风险。在东南亚地区民主化进程中，民众政治参与热情高。随着西方民主、自由价值观的引入，该地区民众积极参与对外投资的讨论。中国在东道国的投资如果忽视民众的利益诉求，得不到公众的认可，很容易引发民众抗议。民众通过采取游行示威等方式对政府施压，政府为安抚民意通常又会以政策合法性或者环保生态、利益划分不均等理由使合作项目面临搁置或者终止的风险。东南亚部分国家政治一直不稳定，不利于中国“海上丝绸之路”的实施。例如，2013 年 12 月，泰国人民民主改革委员会为逼迫英拉政府下台，进行游行示威活动，示威者挥舞国旗、呼喊口号，这次活动虽然未造成武装冲突，但导致道路堵塞，使交通秩序处于混乱状态，对中国的经营活动也产生不小的影响。

（2）政策的不连续性也会对跨国企业产生重大的影响。东道国政策法规的变动会使外国企业生产计划发生变动，很有可能使外国企业遭受损失。东道国政策法规不连续表现为两种情况：一种是当跨国公司的经营与东道国的国家利益目标不一致时，东道国会动用外贸、财政、国际收支与汇率、经济保护主义等政策，甚至不惜对法律法规进行修改，以限制跨国公司的经营；另一种是新政府上台后往往对上一届政府执政期间签署的合同多方刁难，甚至单方面中止上一届政府签署并已生效实施的合同或协议，对外国企业在这些国家的项目造成了重大损失[①]。政策不连续性通常导致政府违

① 解巍：《跨国经营政治风险的国际政治经济学分析》，南京师范大学硕士学位论文，2009 年。

约，即东道国非法解除或不履行与外国企业签订的项目合同，使外国企业遭受重大损失的行为。政策不连续性产生的政治风险不容忽视。东道国政策、法规的不连续会使中国“21 世纪海上丝绸之路”倡议的实施受到很大的影响，通常会使中国企业的投资经营产生巨大损失。例如，2013 年中泰签署了《中泰政府关于泰国铁路基础设施发展与泰国农产品交换的政府间合作项目的谅解备忘录》，双方就泰国以农产品支付中国高铁投资费用达成一致，但是 2014 年泰国政权更迭，使中泰铁路项目的规模缩水，且项目建设一度搁置（详见本书第二章）。

（3）东道国存在的贪污腐败问题。腐败问题往往影响一个国家政府运行效率，也侧面反映了东道国国家法律体系的健全程度。“海上丝绸之路”沿线国家中，很多国家腐败情况严重，腐败问题表现为政府公务不透明，贪污腐败和行贿受贿现象严重，进而导致结党营私、徇私枉法的后果。这些东道国政府官员或者可以暗箱操作对中国企业进行干预，或者向中国企业索要股权损害中国企业利益，又或者不按章办事，人为操纵空间大，拖拉、扯皮现象严重，中国企业“走出去”又必定要和东道国政府官员打交道，投资项目的审批、税务、外汇管理、通关等项目服务都需要政府的直接参与。东道国政府腐败问题很可能会损害中国企业“走出去”在东道国投资的利益，使“海上丝绸之路”倡议在东南亚国家的投资受到影响。

（4）非政府组织（NGO）产生的政治风险也不容忽视。在东南亚地区，NGO 对政治的影响越来越大。NGO 主要从事教育、卫生、饮用水、农业、养殖业、粮食供应、减少自然灾害、环保等工作。在日常生活中，NGO 通常可以和当地百姓建立良好的关系，赢得他们的支持和信任，但是也存在一些西方国家 NGO 煽动东道国民众情绪，达到挑拨东南亚国家间友好外交关系的目的。例如，缅甸政府叫停了泰国意泰公司计划在土瓦修建的一座大型火电站；缅甸民众对莱比塘铜矿的大规模抗议等。

2. 社会因素的不稳定破坏良好的投资环境

（1）东道国局势动荡、武装力量割据问题。东道国境内发生的革命、内乱、地方武装冲突通常会对外国投资者造成重大损害，东道国社会动乱通常会带来社会环境的破坏，使外国企业不能正常经营。中国跨国投资通常只注重和东道国政府沟通，而忽略其他社会集团的利益，很有可能引起其他社会集团对东道国政府的不满或者暗中破坏中国企业投资项目，严重时发生内战。东南亚部分地区战争冲突时有发生。例如，2009 年 8 月 8 日，在缅甸果敢发生的武装冲突事件，使中国在缅甸投资的商人损失严重。又如，2011 年 6 月，缅甸政府军同克钦独立军爆发冲突使中国在缅甸投资的罂粟替代种植项目受阻。

（2）东道国存在的宗教冲突的问题。宗教冲突通常造成严重的财物损失和人员伤害，对地区构建和平环境构成很大威胁。东南亚一些国家内部存在严重的宗教冲突问题，并且在伊斯兰教极端组织的挑唆下可能会进一步激化。例如，自 2012 年 10 月 21 日起，缅甸信奉佛教的若开族与信奉伊斯兰教的罗兴亚族发生了严重冲突，导致 89 人死亡①。2013 年 3 月，缅甸曼德勒中部的密铁拉暴发严重的佛教徒与穆斯林的冲突，造成 40 多人死亡，80 多人受伤，上万人无家可归②。缅甸处于政治转型时期，其国内的佛教徒与穆斯林冲

① 《缅甸若开邦骚乱致 89 人死亡，或转为武装冲突》，http：//news. qq. com/a/20121101/000307. htm。

② 雷著宁、孔志坚：《中国企业投资缅甸的风险分析与防范》，《亚非纵横》，2014 年第 4 期。

突越来越严重，中国企业若在存在宗教矛盾的地区投资，发生宗教冲突产生的危害势必影响中缅合作项目的推进。

（3）东道国存在恐怖主义问题。恐怖主义风险是指在东道国发生突发性的有预谋的恐怖势力袭击事件，通常会给企业或个人造成巨大损失。目前恐怖主义已成为新的政治风险的表现形式，往往带着强烈的政治目的，属于一种政治暴力行为。东南亚尽管并非恐怖主义的重灾区，但由于其地缘、宗教、历史等原因，极易受国际恐怖势力的影响，尤其是伊斯兰极端主义[①]。东南亚国家信奉伊斯兰教的人数众多，为ISIS组织的渗透提供了很好的途径。兰德公司的反恐专家科林·克拉克（Colin Clarke）分析：“在中东站稳脚跟之后，ISIS在北非也有一定的发展，其逻辑上的下一个目标地点可能是东南亚”[②]。例如，2002年和2005年印度尼西亚遭遇恐怖主义袭击，共造成224人死亡，巴厘岛发生的两起爆炸事件制造的恐慌情绪弥漫世界，这种恐怖主义恐慌情绪必将使“海上丝绸之路”倡议在东南亚地域推行受阻，是中国在推行“海上丝绸之路”不得不面对的政治风险之一。

（4）民族主义产生的政治风险也不容忽视。民族主义风险是指出于民族情感而对外国企业经营产生排斥心理的不确定性。各个国家或多或少都有民族主义情绪，出于对本民族利益的追求，对外国企业抱有排斥的态度，使其成为影响企业跨国经营的重要政治因素。如果中国对外投资不能妥善地处理这种民族主义情绪，很可能会产生民族主义风险。中

① Jay Akbar. “The terrifying rise of ISIS in East: Terror horde recruits tens of thousands to its sick cause in south - eastAsia”, http://www.dailymail.co.uk/news/article-3193971/The-terrifying-rise-ISIS-East-Terror-horde-recruits-tens-thousands-sick-cause-south-east-Asia.html.

② 同上。

国企业或商人对外投资，通常只注重经济上的回报，很少实行本土化管理，忽视与当地民众的交流，使企业很难融入东道主国家。东道国民众由于对中国的不信任也容易产生排华情绪，危害中国企业在当地的发展。中国“海上丝绸之路”倡议优先发展东南亚地区，但是在东南亚地区存在严重的反华排华情绪。其中，菲律宾、印度尼西亚、马来西亚、越南排华情况均较严重。这种反华排华现象对中国在东南亚地区实施“海上丝绸之路”倡议十分不利。

3. 贫富差距的变化易导致政治风险

经济因素与政治风险的产生也有密切的联系。“海上丝绸之路”沿线国家经济发展程度不高，还有的国家贫富差距很大，这种情况很容易引发社会矛盾。首先，社会居民收入差距水平反映了一个国家社会公平程度，收入差距水平越大，表明社会越不公平，会造成民众对社会不满程度增加，严重时会导致人们铤而走险，步入犯罪深渊，引发社会动荡不安，不安的社会环境不利于中国企业的跨国投资。其次，贫困使恐怖主义有机可乘，不利于社会稳定。国家内部经济发展不平衡使部分人心理失衡，企图加入恐怖主义来改变现状。例如，印度尼西亚 2 亿多人口中近一半生活在贫困中，每天生活费不到 2 美元，因此恐怖主义利用人们求生本能，煽动他们加入恐怖组织并参与恐怖袭击。又如，菲律宾南部的武装恐怖分子很多都是为了摆脱贫困走上了恐怖主义的道路。

二、“海上丝绸之路”沿线政治风险案例——以新加坡为例

新加坡毗邻马六甲海峡，地处太平洋和印度洋航运要

道，是连接亚、欧、非三大洲的重要海上交通枢纽，得天独厚的地理位置决定了它是“海上丝绸之路”的必经通道。新加坡经济发展速度平稳，经济实力雄厚，是东盟最发达的经济体之一，目前中国与新加坡已开展了多个政府间合作项目，为中新两国进一步合作奠定了基础。新加坡因其独特的地理位置和其在经济领域发挥的作用有望成为中国“21世纪海上丝绸之路”的重要战略支点之一。虽然新加坡完善的法律法规，健全的基础设施，稳定的政局状况等条件为外商创造了良好的投资环境，但在新加坡投资也有其不可忽视的政治风险。

（一）中国在新加坡投资面临的外部政治风险

新加坡采取的对美政策可能影响“一带一路”倡议的实施。新加坡将对美关系当作其外交核心，并且与美国结成军事盟友关系，允许美军在新加坡设立军事基地，在美国的“亚太战略”岛链中，新加坡扮演着重要角色。这些都为美国更多参与东南亚内部事务提供了机会。而美国的根本目的是退居幕后，利用东盟各国给中国设置障碍及制造麻烦，挤压中国海上贸易的自由空间。虽然新加坡加入“一带一路”能够给自身带来巨大经济利益，但倘若美国强行干涉中国在新加坡的投资，新加坡很可能采取“亲美”路线，不予配合中国在新加坡投资项目的实施，这对双方来讲都是巨大的利益损失。

虽然中国与新加坡已开展多个政府间合作项目，但双方仍存在互信不足问题。

一方面，中国作为正在崛起的世界性大国，在全球范围内拥有更加主动的话语权，在东南亚地区影响力也逐渐增强，使新加坡感受到其在东南亚的领袖地位受到威胁。(1)

中国拟与泰国修建克拉运河，拟与马来西亚合作建设马六甲港口，这些项目一旦修建完成，在提升中国与周边国家战略地位的同时会相对削弱新加坡的战略位置；（2）中国推出的“一带一路”倡议在帮助周边国家发展的同时，也能使中国自身得到很大的发展。在这种背景下，新加坡对中国的发展忧心忡忡，出于戒备心理新加坡能否积极配合中国对新投资存在很大不确定性。

另一方面，新加坡对中国南海问题的态度也使中新关系蒙上阴影。新加坡借助美国势力搅浑南海，对南海问题形成了推波助澜之势，加剧了南海问题和平解决的复杂性，侵害了中国的国家主权。并且新加坡鼓动东盟国家在对华政策上采取的一致性的做法，不仅不利于中新关系的友好发展，也使中国与东盟各国外交关系发展不确定性增强，影响中国对周边稳定战略的构建，掣肘中国“21世纪海上丝绸之路”的倡议在东南亚的实施。

另外，新加坡与周边国家存在的历史遗留问题，也使得中国在新加坡投资有一定的风险性。新加坡与以马来人为主的两大邻国——马来西亚和印度尼西亚在关系上存在着种族隔阂和利益矛盾，难以消除彼此间的猜忌。新加坡与马来西亚除了存在白礁岛等领土主权之争外，还存在供水等生活问题争议。如果双方不能妥善解决，导致发生武装冲突，势必影响中国在新加坡投资，这也是中国在新加坡投资不可忽视的政治风险之一。

非传统安全威胁产生的政治风险也不容小觑。众所周知，恐怖主义威胁影响投资环境的稳定性。新加坡所处的东南亚是世界上信仰伊斯兰教人数最多的地区。新加坡安全机构在2001年下半年破获了一起由“伊斯兰祈祷团”企图组织实施的恐怖袭击事件。这些恐怖分子在被捕前曾计划动用

21 吨硝酸铵炸药进行恐怖袭击①。虽然这次恐怖袭击在新加坡被及时阻止，但其后发生的巴厘岛和雅加达的惨案很可能和该团体有关。因此，“一带一路”在新加坡的投资也可能面临恐怖主义的威胁。

（二）来自新加坡内部的政治风险

虽然新加坡一向以政局稳定等优势成为投资者投资的对象，但并不表明在新加坡投资不存在政府违约风险。新加坡政治体系一向是人民行动党一党独大，但是反对党长期存在。在李光耀执政时期，人民行动党曾对反对党进行积极打压。虽然从 2015 年新加坡大选情况来看，人民行动党相比反对党有很大的优势，但是我们也可以看到反对党力量已逐渐成长壮大。未来，新加坡若出现政府政策的变化、政权交错更替、政党轮流执政等，都将增加中国在新加坡投资可能遭遇的政府违约风险②。

政府政策干预的风险。新加坡法律对交通、通信、电力及新闻等公共事业行政审批严格，新加坡为保护民族产业制定了《制造业限制投资法》，用来限制外资进入关系国计民生的行业。而中国“一带一路”对外投资集中在能源、交通运输、信息基础设施建设等方面，其受政策影响较大，潜在政治风险较为突出。除此之外，新加坡实行新加坡元非国际化政策，限制了非居民持有新加坡元的规模，并且不利于个人携带现金出入境，很有可能使中国“一带一路”倡议遭受外汇兑换、资金转移等风险。

---

① 《新加坡披漏恐怖分子计划，炸药量是俄城爆炸的 21 倍》，http：//news. sina. com. cn/w/2002 - 02 - 18/1347477063. html。

② 张华：《“一带一路”投资风险研究之新加坡》，http：//www. china. com. cn/opinion/think/2015 - 04/09/content_ 35273264. htm。

综上所述，新加坡因其独特的地理位置和其在经济领域发挥的作用有望为中国实施“一带一路”奠定坚实基础。但是随着中国与新加坡经贸合作关系不断加强，中国在新加坡的投资规模不断扩大，中国应当注意到在新加坡推行“一带一路”倡议可能遭遇的政治风险，既可能来自国际环境因素，也可能和新加坡国内因素相关，中新两国应积极沟通，做到共同管控风险，从而达成共赢局面。

第四节
“一带一路”沿线政治风险的对策

“一带一路”倡议是中国前所未有的一次尝试，无论是在地域规模上还是成员多样性上，都彰显出这一倡议所具有的强大包容性。“一带一路”倡议连通欧亚，是中国发展过程中的一次重要机遇，但同时对于中国来说也是一个挑战。正是由于这一倡议的包容性，参与国之间的差别较大，许多参与国国内甚至存在许多问题，贸然投资可能会产生巨大的风险。不过多年的发展经验告诉我们，机遇与风险向来是并存的，想要获得发展就要勇于承担风险。面对可能的困难，中国应该迎难而上，在稳步推进“一带一路”倡议的同时，正确认识可能存在的风险并冷静对待，积极采取措施规避风险。

一、加强同沿线国家的合作

“一带一路”不只是中国的发展倡议，更是欧亚地区各国的发展机遇。想要真正发挥“一带一路”对各国经济的带动作用，仅靠中国的推动是不够的，还需要区域内各国的共同努力。

中国作为“一带一路”的倡议者，在推行这一倡议时自然发挥主导作用。但与此同时，中国也应注意到域内大国的诉求，找到同域内大国兼容的方式。例如，中国在向南亚发展时，应当关注印度的战略利益，并借助印度在南亚地区的影响力来维护印度洋地区的安全局势，打击海盗及恐怖主义[①]。而中国在向西推进时也要关注俄罗斯的态度，中俄双方应创新合作方式，加强战略互信，找到双方的共同利益。“一带一路”倡议在向西发展过程中与俄罗斯“欧亚经济联盟”的联合就是一个较好的尝试。通过同域内大国的互动，中国既可以打消他们对于是否会威胁到本国战略利益的疑虑，又可以发挥他们在各自区域的影响力，从而避免潜在的政治风险，推动“一带一路”倡议的顺利发展。此外，中国还应妥善发挥国际组织的效用。在陆上区域，中国可以通过上海合作组织框架去增加安全合作，提升战略互信，通过打击周边的恐怖主义和民族分裂主义来扫除“一带一路”建设中存在的障碍；在海上区域，中国可以借助东盟在东南亚地区的影响力，增加与东盟之间的对话，利用东盟机制了解各国的国内情况，将规避可能存在的政治风险。

“一带一路”倡议如果仅仅依靠中国的力量，恐怕不是长远之策，中国应该在建设的过程中把沿线国家的积极性调动起来，大家通力合作共同实现发展。此外，在各项机制内的交流、合作也有助于规避风险，同样不可忽视。

---

① 李晓、李俊久：《“一带一路”与中国地缘政治经济战略的重构》，《世界经济与政治》，2015 年第 10 期。

二、增进同沿线国家的交流

在“一带一路”的建设中，中国难免要面对其他国家的质疑。域外大国怀疑中国试图通过经济手段取得在欧亚大陆上的主导权，进而争夺世界霸权；域内大国担心中国削弱他们在域内的影响力，抢占未来发展中的主导权；域内其他国家则忧虑中国的援助是否带有政治目的，过度依赖中国的资本是否会使其沦为中国的附庸。这些疑虑都是客观存在的，有些尽管没有完全显露出来，但如果没能得到妥善的处理就会形成潜在的风险，甚至导致“一带一路”倡议功亏一篑。

为了打消各国存在的质疑，中国应加强同其他国家的交流。从国家角度来说，中国可以通过互访、磋商的方式来增强互信、协调利益、进而达成共识。中国已经建立了一些对话平台，例如，中国与东盟分别建立了涉及中小企业发展、绿色经济与可持续发展、产能合作等诸多方面的经济合作论坛。通过这些交流，中国可以找寻双方的共同利益，进而协调合作的具体事宜，避免出现政治风险。而这种交流并不仅局限于官方层面，中国在外的一些企业行会、商会也可以发挥其在民间交流上的优势①。同官方的交流不同，民间的交流更加轻松随意，但同样能发挥很大的效力。企业行会的存在往往代表一定的信誉，因此在与东道国的交流中更易取得东道国民众的信任。中国可以通过这种方式影响东道国民众对于“一带一路”倡议的观感，从而影响舆论走向，达到

① 宋琳琳：《论我国海外投资政治风险防范机制的完善》，东北财经大学硕士学位论文，2007年。

规避风险的效果。

考虑到“一带一路”沿线国家复杂多变的现状，中国想要将这一倡议推行下去不是一项容易的工程。但对中国来说，“一带一路”不仅是一项经济发展计划，而且是中国回馈世界的机会。随着中国实力的不断进步，中国同周边国家以及世界大国之间需要不断加深了解，而这些都需要不断的交流和沟通。这些交流有助于打消各国对中国的疑虑，从而有效地避免可能存在的风险。

三、建立政治风险评估与预警机制

中国应当建立政治风险评估体系和预警机制。自中国改革开放以来，中国“走出去”的企业越来越多，中国政府应当建立评估与预警机制为企业海外投资提供保障。对东道国投资风险评估的及时性和准确性是防范风险的基础。建立详尽的政治风险分类体系，完善政治风险评估机制，制定针对各类风险的规避方案，对跨国企业境外财产安全、员工人身安全的保障具有重要意义①。国外一些发达国家都有自己的政治风险量化评估体系，但是中国对跨国企业对外投资可能面对的政治风险关注程度不高，没有权威部门负责政治风险评估工作，也没有建立相应的政治风险评估平台和数据库。东道国政治风险评估需要实地考察，获得各个方面的信息，单凭企业的力量无法做到。因此，中国应该建立专门机构负责评估东道国政府执政能力、政策历史走向、与中国政府关系等政治因素，并将东道国可能产生的政治风险进行评

---

① 林明达、王祎蕾：《中国对外投资中政治风险类型与规避建议》，《吉林金融研究》，2015年第3期。

估分类，了解东道国最新的政治信息，还应当在海外敏感地区投资建立政治风险预警机制，加强对东道国政策和经贸信息的收集并及时反馈给企业，为企业“走出去”提供咨询服务保障。

四、利用国际、国内双层法律手段防范政治风险

在国际层面法律防范上，应与沿线国家签订和完善投资保护协定。投资保护协定能够降低政治风险发生的概率。双边投资保护协定能使资本输出国在本国投资者遭受损失后以双边投资保护协定为依据及时行使代位求偿权，依据国际法最主要的渊源——国际条约进行索赔，从而将其国民与东道国的投资争议从国内法的保护水平提高到了国际法的保护水平[①]。若当事国一方不遵守条约义务，就会产生国家责任，在国际上对缔约国具有强有力的法律拘束力，较之国内法对外国投资者及其投资所提供的保护，双边投资保护协定要强有力得多。中国政府应尽快与周边国家谈判，从而达成双边与多边投资保护协定以及双边与多边自由贸易协定，划定投资项目具体事宜，具体规定各自的权利和义务以及发生风险时各方应承担的责任。双方当事国签订不同层次的合作协定，可以有效地防止政治风险的发生，保证“一带一路”的顺利推行。

在国内层面上，中国应当完善海外投资保险制度。海外投资保险制度是指资本输出国政府对本国海外投资者在国外可能遇到的政治风险，提供保证或保险，投资者向本国投资

① 宋琳琳：《论我国海外投资政治风险防范机制的完善》，东北财经大学硕士学位论文，2007年。

保险机构申请保险后，若承保的政治风险发生，致投资者遭受损失，则由国内保险机构补偿其损失的制度。海外投资保险制度主要为了避免政治风险而设立的，它是国际投资保护的重要法制之一，也是世界各资本输出国的通行制度[①]。海外投资保险的根本目的是尽量避免海外投资者在投资所在国面临的政治风险。但是中国企业在海外投资和西方国家相比起步较晚，中国在海外投资方面的规定大多是限制性的，保护措施不足，海外投资保险制度上的不完善使得保护措施落后，不能为海外投资企业提供健全的保护机制，消除他们的后顾之忧[②]。世界上资本输出大国都建立了较完善的海外投资保险制度。中国应当学习借鉴外国在这方面的经验，逐步完善海外投资保险制度，为“一带一路”顺利推行提供法律支持。

五、处理好与东道国各利益集团的关系和利益

“一带一路”沿线不少国家存在着复杂的民族矛盾和地区分裂的局面，中国实行“一带一路”政策若只注重和东道国政府交流而不顾及其他势力的利益，势必会遭受阻碍。中国除了要听取东道国政府的意见外，还应当与东道国各个政治利益集团和少数民族进行沟通，照顾各方利益。例如，缅甸密云水电站搁置问题很大部分原因就是中国只与缅甸执政者沟通，没有照顾到缅甸克钦邦各方利益集团的利益造成的。该项目合作方应该敦促缅甸中央政府与当地民族政府事

---

① 陈玉祥、熊际：《中国企业在南亚跨国经营中面临的恐怖主义风险与应对措施》，《对外经贸》，2014 年第 1 期。

② 宋琳琳：《论我国海外投资政治风险防范机制的完善》，东北财经大学硕士学位论文，2007 年。

先就项目的股份、利润、税收、安全保卫等相关权益的划分达成协议，并将这个协议作为项目投资的重要文件之一[①]。只有照顾到各方利益，才能最大限度地避免因东道国政治斗争和民族矛盾产生的政治风险。同时，中国也应通过商会、行业协会等组织扩大沟通渠道，让东道国最大限度地了解中国推行的“一带一路”互利互惠政策。

六、加强对沿线国家所面临的恐怖主义威胁的防范

中华人民共和国国务院新闻办公室（以下简称“国务院新闻办”）在2015年5月发布的《中国的军事战略》白皮书中提出：在军事安全合作中，中国军队将加大参与国际维和、国际人道主义救援等行动的力度，在力所能及范围内承担更多国际责任和义务[②]。对可能产生的恐怖主义危害，首先，中国应该在全球层面上与各国达成反恐的战略共识。恐怖主义带来的危害是毁灭性的，没有哪个国家可以独善其身，各个国家应当相互配合，保证信息的精确性，共同对恐怖主义进行打击；其次，中国应当积极参与合作和建立防范国际恐怖分子跨境流动的合作机制，发挥国际反恐机制的作用（例如，联合国安理会和全球反恐论坛等），构建安全对话平台，打击网络传播恐怖音频的网站，防止恐怖主义情绪蔓延传播；再次，中国可通过协作打击恐怖主义融资渠道，捣毁作为“伊斯兰国”主要经济来源的黑市石油贩卖网，切断其资金来源；最后，中国在加强对沿线国家恐怖主义防范的同时，还可以拓展合作安全领域，增进彼此的交流，国

---

① 肖丹：《中国企业投资缅甸的现状及遇到的问题》，暨南大学硕士学位论文，2014年。

② 《2015年中国国防白皮书》，《中国的军事战略》。中国日报网，http：//world. chinadaily. com. cn/2015－05/26/content_ 20821000. htm。

家之间增进互信，保证彼此的利益不受损害。

七、文化互融与民心相通

“一带一路”倡议抓住了各个国家谋求发展、共赢共享的大目标，所以才能得到普遍响应。但是经济的发展只有和文化联系到一起，才能更加稳定。在加强与沿线国家交流的同时，也应当做到文化的沟通，争取早日做到文化互融，民心相通。首先，国家与国家之间，民族与民族之间存在着不同的风俗习惯，中国企业“走出去”一定要尊重当地文化，加强文化沟通，尝试按照东道国风俗习惯处理事情，使自身融入其中，并且加强对东道国政策法规的学习，培养会计、法律、金融、咨询等专业服务人才。中国企业在东道国投资的同时应当树立自身正面形象，对于那些敌视甚至抹黑中国企业的言论应当进行快速回击，或利用当地法律手段维护自身权益，还应当积极参与当地公益文化事业，与当地民众互动，得到他们的理解和信任。其次，加快“本土化”进程，为当地提供就业岗位和互惠政策，也可以与当地企业建立合资企业，打造“共同利益体”。最后，扩宽融资渠道。国务院发展研究中心金融研究所副所长张丽平认为，中国企业在“走出去”过程中，发现好的项目，要学会综合利用多种融资方式。例如，东道国的金融资源、沿线国家金融资源的互联互通以及主权财富基金等①。可以大大降低社会政治风险；也可利用进口商、当地配套及相关服务企业、当地雇员等潜在的利益共同体来降低东道国内部可能产生的政治风险。

① 《“一带一路”沿线已成我对外投资热土》，http：//fec. mofcom. gov. cn/article/fwydyl/zgzx/201701/20170102499196. shtml。

第二章

“一带一路”沿线的投资风险及其防范对策

在经济层面上，“一带一路”倡议的践行虽然给沿线国家和地区带来了巨大的机遇，但也给参与“一带一路”倡议中的经济体带来了投资、信用、汇率、会计等诸多风险。本章集中讨论投资风险，其他经济风险内容分散到第三章、第四两章讨论。随着中国在“一带一路”沿线国家投资存量和流量的不断增加，来自于内外部的投资风险将会集中凸显出来，大量投资失败的例子不断增多。显然，如何防范风险，成为摆在每一个投资主体面前必须化解的关键问题。

第一节
“一带一路”沿线国家面临的投资风险

“一带一路”沿线国家多为发展中国家以及转型期国家，正处于开放与发展的阶段，机遇较多的同时也面临经济转型与政策调整的挑战。中国企业海外投资以国有企业为投资主体，多集中在能源、矿业、基础建设等相对敏感领域，在一定程度上比较容易招致质疑而酿成风险事故。也就是说中国企业在“一带一路”沿线国家的投资多聚集在东道国高风险行业，东道国投资环境的不确定性很可能带来风险的聚集和发酵。与此同时，中国企业的国际竞争力还有待提高，国际化经验还在积累的过程中，在高昂的信息成本下，很有可能由于信息不对称而引发企业内部的经营决策风险。

一、东道国投资环境的不确定性风险

（一）政治环境引发的风险

一些“一带一路”沿线国家国内政治环境复杂，内部利益冲突可能导致的暴动、革命、战争、政权更迭、政治制度和体制突变等，无疑会增加交易成本并抬高投资风险（如表 2－1 所示）。根据中国与全球化智库（Center for China and Globalization，CCG）统计，2005 年 1 月 1 日至 2014

年6月30日，中国企业的对外直接投资中因政治原因导致失败的投资事件比例为25%。其中，8%是因东道国政治派系力量的阻挠而夭折，17%是因东道国政治动荡、领导人更迭等蒙受损失①。

表2-1 “一带一路”沿线部分国家的政治风险指数

极高风险	高风险	中等风险	低风险	极低风险
伊拉克（39.63） 叙利亚（41.29） 埃及（46.75） 孟加拉国（48.17） 巴基斯坦（48.79） 伊朗（49.71）	也门（50.00） 黎巴嫩（52.79） 缅甸（53.71） 白俄罗斯（53.75） 斯里兰卡（54.08） 印度尼西亚（55.63） 土耳其（55.67） 泰国（57.29） 俄罗斯（58.04） 塞尔维亚（58.50） 摩尔多瓦（58.63） 印度（58.83） 亚美尼亚（59.00）	越南（60.25） 阿塞拜疆（60.54） 菲律宾（62.42） 约旦（62.50） 乌克兰（63.50） 巴林（63.88） 保加利亚（65.21） 阿尔巴尼亚（65.67） 哈达克斯坦（65.92） 罗马尼亚（65.92） 蒙古国（66.71） 科威特（66.75） 以色列（67.04） 沙特阿拉伯（67.58） 克罗地亚（69.67） 斯洛文尼亚（69.79）	拉脱维亚（70.08） 爱沙尼亚（71.75） 阿曼（72.50） 卡塔尔（72.50） 匈牙利（72.75） 马来西亚（72.75） 立陶宛（73.54） 斯洛伐克（73.83） 捷克（74.21） 波兰（74.42）	文莱（80.13） 新加坡（83.00）

注：资料来源于PRS集团年度风险评估指南（International Country Risk Guide，ICRG）；ICRG国际国家风险指数是目前最为权威的国家风险指数，但是仅涵盖了一部分“一带一路”沿线国家。括号中的数字是2013年各国的政治风险得分，数字越高政治风险越低。

2001年，中国在利比亚启动投资50多个大型项目，然而2011年爆发的利比亚内战武装冲突使得这些大型项目无

① 《中国企业国际化报告（2014）》，社会科学文献出版社2014年版。

法继续开展。据不完全统计，中国企业在利比亚投资的金额多达188亿美元的工程项目遭受重创，并且由于中国企业在利比亚的投资集中在基建方面，投资建设的相关设备、原材料、基地等损失殆尽。2011年中国水电投资在缅甸被叫停的密松水电站项目以及2014年中泰“高铁换大米”项目暂时被搁浅事件，都是隐晦而敏感的政治事件突发，导致投资项目以始料未及的方式蒙受损失。

（二）营商环境引发的风险

从商业条件是否有助于推动或是否会限制商业活动的角度来衡量一个国家营商环境的话，就“一带一路”沿线整体而言，中国企业对外投资面临着营商环境不佳的风险。世界银行发布的《2017年营商环境报告：人人机会平等》报告显示，从10个领域（开办企业、办理许可、获得电力、财产注册、获得贷款、保护少数投资者、纳税、跨境贸易、执行合同和办理破产）应用量化指数分析从阿富汗到津巴布韦共190个经济体的营商难易程度，“一带一路”多数沿线国家和地区的排名都差强人意（如表2-2所示）。

表2-2 全球营商难易程度排名表

排名	经济体	得分	排名	经济体	得分	排名	经济体	得分
1	新西兰	87.01	9	瑞典	82.13	17	德国	79.87
2	新加坡	85.05	10	马其顿共和国	81.74	18	爱尔兰	79.53
3	丹麦	84.87	11	中国台湾	81.09	19	奥地利	78.92
4	中国香港	84.21	12	爱沙尼亚	81.05	20	冰岛	78.91
5	韩国	84.07	13	芬兰	80.84	21	立陶宛	78.84
6	挪威	82.82	14	拉脱维亚	80.61	22	加拿大	78.57
7	英国	82.74	15	澳大利亚	80.26	23	马来西亚	78.11
8	美国	82.45	16	格鲁吉亚	80.20	24	波兰	77.81

续表

排名	经济体	得分	排名	经济体	得分	排名	经济体	得分
25	葡萄牙	77.40	54	秘鲁	70.25	83	卡塔尔	63.66
26	阿联酋	76.89	55	波多黎各	69.82	84	瓦努阿图	63.66
27	捷克	76.71	56	卢旺达	69.81	85	汤加	63.58
28	荷兰	76.38	57	智利	69.56	86	圣卢西亚	63.13
29	法国	76.27	58	阿尔巴尼亚	68.90	87	乌兹别克斯坦	63.03
30	斯洛文尼亚	76.14	59	卢森堡	68.81	88	危地马拉	62.93
31	瑞士	76.06	60	科索沃	68.79	89	萨摩亚	62.17
32	西班牙	75.73	61	希腊	68.67	90	乌拉圭	61.85
33	斯洛伐克	75.61	62	哥斯达黎加	68.50	91	印度尼西亚	61.52
34	日本	75.53	63	巴林	68.44	92	肯尼亚	61.22
35	哈萨克斯坦	75.09	64	蒙古	68.15	93	塞舌尔	61.21
36	罗马尼亚	74.26	65	阿塞拜疆	67.99	94	沙特阿拉伯	61.11
37	白俄罗斯	74.13	66	阿曼	67.73	95	萨尔瓦多	61.02
38	亚美尼亚	73.63	67	牙买加	67.54	96	特立尼达和多巴哥	60.99
39	保加利亚	73.51	68	摩洛哥	67.50	97	斐济	60.71
40	俄罗斯	73.19	69	土耳其	67.19	98	赞比亚	60.54
41	匈牙利	73.07	70	巴拿马	66.19	99	菲律宾	60.40
42	比利时	73.00	71	博茨瓦纳	65.55	100	莱索托	60.37
43	克罗地亚	72.99	72	文莱	65.51	101	多米尼克	60.27
44	摩尔多瓦	72.75	73	不丹	65.37	102	科威特	59.55
45	塞浦路斯	72.65	74	南非	65.20	103	多米尼加	59.35
46	泰国	72.53	75	吉尔吉斯斯坦	65.17	104	所罗门群岛	59.17
47	墨西哥	72.29	76	马耳他	65.01	105	洪都拉斯	59.09
48	塞尔维亚	72.29	77	突尼斯	64.89	106	巴拉圭	59.03
49	毛里求斯	72.27	78	中国	64.28	107	尼泊尔	58.88
50	意大利	72.25	79	圣马力诺	64.11	108	加纳	58.82
51	黑山	72.08	80	乌克兰	63.90	109	纳米比亚	58.82
52	以色列	71.65	81	波黑	63.87	110	斯里兰卡	58.79
53	哥伦比亚	70.92	82	越南	63.83	111	斯威士兰	58.34

续表

排名	经济体	得分	排名	经济体	得分	排名	经济体	得分
112	伯利兹	58.06	138	格林纳达	53.75	165	伊拉克	45.61
113	安提瓜和巴布达岛	58.04	139	老挝	53.29	166	喀麦隆	45.27
114	厄瓜多尔	57.97	140	约旦河西岸和加沙	53.21	167	马达加斯加	45.10
115	乌干达	57.77	141	马里	52.96	168	苏丹	44.76
116	阿根廷	57.45	142	科特迪瓦	52.31	169	尼日利亚	44.63
117	巴巴多斯	57.42	143	马绍尔群岛	51.92	170	缅甸	44.56
118	约旦	57.30	144	巴基斯坦	51.77	171	吉布提	44.50
119	巴布亚新几内亚	57.29	145	冈比亚	51.70	172	几内亚比绍共和国	41.63
120	伊朗	57.26	146	布基纳法索	51.33			
121	巴哈马	56.65	147	塞内加尔	50.68	173	叙利亚	41.43
122	埃及	56.64	148	塞拉利昂	50.23	174	利比里亚	41.41
123	巴西	56.53	149	玻利维亚	49.85	175	东帝汶	40.88
124	圭亚那	56.26	150	尼日尔	49.57	176	孟加拉国	40.84
125	圣文森特和格林纳丁斯	55.91	151	密克罗尼西亚	49.48	177	刚果（布）	40.58
			152	基里巴斯	49.19	178	赤道几内亚	39.83
126	黎巴嫩	55.90	153	科摩罗	48.69	179	也门	39.57
127	尼加拉瓜	55.75	154	多哥	48.57	180	乍得	39.07
128	塔吉克斯坦	55.34	155	贝宁	48.52	181	海地	38.66
129	佛得角	55.28	156	阿尔及利亚	47.76	182	安哥拉	38.41
130	印度	55.27	157	布隆迪	47.37	183	阿富汗	38.10
131	柬埔寨	54.79	158	苏里南	47.28	184	刚果（金）	37.57
132	坦桑尼亚	54.48	159	埃塞俄比亚	47.25	185	中非共和国	36.25
133	马拉维	54.39	160	毛里塔尼亚	47.21	186	南苏丹	33.48
134	圣基茨和尼维斯联邦	53.96	161	津巴布韦	47.10	187	委内瑞拉	33.37
135	马尔代夫	53.94	162	圣多美和普林西比	46.75	188	利比亚	33.19
136	帕劳	53.81	163	几内亚	46.23	189	厄立特里亚	28.05
137	莫桑比克	53.78	164	加蓬	45.88	190	索马里	20.29

资料来源：世界银行营商环境数据库。

注：排名以截至2016年6月每个经济体在1年内有关10个指标总排名的平均临界距离（DTF）得分为基准。对于包含两个区域的经济体，每个指标得分为两个区域的人口加权平均值。

只有良好有序的商业环境才能保证较开放的市场准入，从而带来更高的生产力。而众多的“一带一路”沿线发展中国家，由于历史遗留问题以及文化差异等方面原因，发展水平落后，经济基础薄弱，在商业条例不合理的基础之上，落后的经济水平更是拖慢了营造良好有序商业环境的步伐。制度的建设（包括经济的发展）耗费时日，尤其是中国在这些国家的投资项目多为高投入、长周期的基础建设类工程，在这个过程中，中国企业步入这些国家开展投资业务，势必会长期面临不佳的营商环境带来的商业风险。

（三）中国投资“一带一路”沿线国家的行业风险

中国海外投资的主体是国有企业，首先，投资主体的性质就很容易招致质疑；其次，在行业层面，中国在“一带一路”沿线国家的投资以基础建设项目为优先领域，中国企业以敏感投资主体的身份集中投资在东道国投资敏感领域是抬高投资风险的另一主要因素。

1. “一带一路”沿线国家的投资风险集中在能源行业

能源行业是一个国家的经济命脉，是各利益团体争相抢夺的焦点，并且很容易作为煽动舆情的工具达到某种政治目的。中国海外投资东道国的能源行业很难不碰到这样的难题，其结果或是卷入过于复杂的利益之争，或是无故躺枪，造成代价惨重的风险事故。

中国对外投资采矿业的投资存量为 1423.8 亿美元，占对外投资存量总量的 13%，主要分布在石油和天然气开采业、黑色金属和有色金属采矿业（如表 2－3 所示）。2005—2014 年，中国企业“一带一路”沿线国家的投资风险主要发生在能源行业。

表 2-3　2005—2014 年中国企业海外投资“一带一路”沿线十大风险案例的行业分布

行业	案例数	涉及金额（亿美元）	金额占比（%）
能源	18	409.9	72.52
金属	8	82.2	14.54
运输	5	28.8	5.10
农业	1	41.3	7.31
科技	1	3	0.53

资料来源：李峰：《“一带一路”沿线国家的投资风险与应对策略》，《中国流通经济》，2016 年第 30 卷第 2 期。

2. 中国企业对“一带一路”沿线国家大型基建项目失败率较高

基础建设项目即使是在国内实施，也不可避免会遭受严重阻力，征地拆迁、环境保护、文化习俗等问题，都是老大难问题，更何况是在异国他乡实施基础建设，困难程度与风险指数之高，有过之而无不及。

根据美国 CGIT 数据库显示，2006—2015 年，中国企业对“一带一路”沿线国家投资额超过 1 亿美元的基建项目有 42 个。其中，以交通设施为主，约占 67%。大型基建项目主要分布在东南亚、南亚与欧洲，占比分别为 35.03%、31.76% 和 31.63%。其中，东南亚地区以新加坡、马来西亚与印度尼西亚为主，三者累计占比达 75.54%；南亚地区主要分布于斯里兰卡（44.64%）、巴基斯坦（29.37%）与印度（25.99%）。欧洲则集中于德国与俄罗斯，累计占比达 67.34%①。

2006—2015 年，中国对“一带一路”沿线国家投资失

① 方腐旎：《中国企业对“一带一路”沿线国家基建投资的特征与风险分析》，《西安财经学院学报》，2016 年 2 月第 29 卷第 1 期。

败的43个项目中，有31个为基建类投资，涉及金额477.8亿美元，项目与金额分别占比72.09%与62.21%，同期中国企业全球投资失败项目中，基建项目与金额占比仅为58.44%与56.65%（如表2-4所示）。中国企业对“一带一路”沿线国家基建项目，尤其是投资额超过1亿美元的大型基建项目失败率较高。

表2-4 2006—2015年中国企业海外投资单项金额超过1亿美元的失败项目情况

	对全球投资失败项目		对“一带一路”沿线国家投资失败项目	
	所有投资	基建投资	所有投资	基建投资
项目数（个）	154	90	43	31
金额（百万美元）	260810	147760	76800	47780
基建项目占比（%）	58.44		72.09	
基建金额占比（%）	56.65		62.21	

资料来源：美国传统基金会与美国企业研究的“中国全球投资追踪”数据库（CGIT）。

二、中国企业内部经营的决策失误风险

中国企业作为国际市场上的一股新兴力量，本身也正处于学习与发展的过程中，公司治理、投资决策以及企业文化方面相对于大型跨国企业尚待提高，并且在“一带一路”沿线国家的复杂环境下开展投资活动，本身内部经营就有可能带来投资风险。

中国企业的国际化程度正处在提升阶段，而获取国外商业环境、人文习惯、法规条例等需要信息成本，在尚未掌握完全信息的情况下进行决策，自然会增加企业的风险。尤其是当前中国企业在“一带一路”沿线国家和地区的投资项

目多集中在基础设施建设领域，基础建设本身就存在投入资金巨大、建设周期长、投资回报风险高的问题。加之中国企业对商业环境的综合考量有可能会有所欠缺，势必会增加投资风险。

此外，国有企业作为海外投资的主体，其体制改革一直是进行时，本身缺乏灵活性，在国内通行的管理模式、营销策略是否合理科学暂且不谈，如果在走出国门时不考虑境外市场的特殊性，在技术调查不准确的情况下仍然生搬硬套，将给企业的经营带来巨大风险。同时，中国企业国内的财务状况如果出现问题，自然也会波及境外的投资活动，即有可能发生财务风险。

第二节 “一带一路”沿线投资风险的案例

在国内外综合因素影响下，我国在“一带一路”沿线投资中喜忧参半，风险颇高。为了更好地阐明投资风险的危害，我们从众多事例中遴选矿产、能源、基建等行业一些典型案例加以分析，为今后风险防范提供借鉴。

一、“一带一路”沿线国家矿产类投资项目案例分析——以中国黄金集团公司收购巴里克（非洲）为例

中国黄金集团公司（以下简称“中国黄金”）是我国最

大的黄金企业，黄金产量、销量国内第一[①]。黄金作为一种重要的资产配置工具，包括中国在内的许多国家都有着持续旺盛的需求，并且当时的中国企业海外并购也在不断地刷新纪录[②]，中国黄金当然也开始在海外寻求更好的并购机会。

巴里克黄金公司是全球最大的黄金公司，创建于1983年，总部在加拿大多伦多，主要从事黄金的勘探、开发、生产和销售，旗下公司遍布加拿大、美国、秘鲁、智利、阿根廷、坦桑尼亚、澳大利亚等多个国家。巴里克（非洲）就是其下属的非洲子公司。2012年，巴里克（非洲）上市，但是股价自上市以来长期处于低迷状态。而此时的巴里克黄金公司因为在智利投资的大型金矿停工以及2011年4月斥资73亿加元竞购加拿大铜矿企业伊奎诺克斯矿业公司加重了负担等原因，正处于盈利下滑和成本大幅上升阶段。基于以上原因，巴里克黄金公司准备对其所有的资产组合进行重新评估，并很有可能出售巴里克（非洲）的股份为公司减负，筹集资金。

2012年8月16日，巴里克黄金公司公告称，中国黄金有意收购巴里克位于非洲坦桑尼亚的子公司巴里克（非洲）部分或全部股权，同时，还宣称，洽谈还在早期阶段，不确定双方一定能够达成交易。即便是在早期阶段，当日巴里克（非洲）在伦敦交易所的股价即大涨，公司总市值一举突破19亿美元，尽管远低于市场传闻的中国黄金的39亿美元收

---

① 中国黄金是我国最早从事黄金开发的企业之一，组建于2003年年初，前身是成立于1979年的中国黄金总公司，主要从事金、银、铜、钼等有色金属的勘察、开发、设计和销售以及工程承包等业务，总部在北京，拥有二级子公司57家，分布于我国26个省区以及部分海外地区，年产黄金约占全国黄金总产量的20%，控制的黄金储量占全国黄金总储量的30%以上。

② 2012年8月3日紫金矿业下属全资子公司金宇（香港）国际矿业有限公司，以场外要约的方式成功收购澳大利亚诺顿金田超过50%股份，成为诺顿金田的绝对控股股东；2012年9月21日，山东黄金宣称，以2.28亿澳元收购澳大利亚主要黄金生产商福克斯矿产公司51%的股份。

购报价。至2012年10月25日，中国黄金收购巴里克（非洲），即将进入实质性谈判阶段。但是到了2012年12月19日，本次收购的股权融资方案竞标停摆；2012年12月20日，中国黄金总经理孙兆学表示，并购谈判不是很顺利，分歧点主要在税收和被购方的历史遗留问题上；2012年12月23日，双方重启了新一轮的谈判，总报价约34亿美元，低于此前市场传闻的39亿美元；2013年1月8日，巴里克宣布已经终止了与中国黄金关于巴里克（非洲）的收购谈判。至此，中国黄金与坦桑尼亚最大的金矿失之交臂。谈判失败的原因归结如下：

首先，本次并购谈判失败最大的原因莫过于并购价格无法谈妥。巴里克黄金公司战略性售出巴里克（非洲）是出于公司处于成本上升、资金周转困难的时期，意图通过本次收购得到尽可能多的现金流来缓解公司的困境。然而中国黄金也明白，巴里克（非洲）在短期内很难达到预期收益，况且巴里克（非洲）也不是无可指摘的，因此中国黄金在原有报价上不愿再抬高收购价格，双方互不让步，最终没能协商达成一致的并购价格。

其次，存在重大的税收负担分歧。本次中国黄金与巴里克黄金总公司谈判涉及的税收问题，主要涉及两个税种，分别为资源税和资本利得税。2012年上半年，为了使本次并购能够获得坦桑尼亚政府的同意，巴里克（非洲）答应坦桑尼亚政府，资源税从3%抬高到4%。然而在得知中国黄金准备收购巴里克（非洲）之后，坦桑尼亚政府再次修改税法，又提高了出售股权及证券的资本利得税。依照新修订的税法，巴里克总公司将被征收20%的资本利得税，因此巴里克在谈判中要求中国黄金一起分担。然而中国黄金一直拒绝接受此条款，双方就该税收分担条款始终未能达成一致。

最后，巴里克（非洲）的历史遗留问题克服难度较大。早年间，坦桑尼亚严重缺乏煤炭资源与电力资源，矿产开采设备和技术也较为落后，巴里克（非洲）的主要矿区采矿事故频发，矿工罢工和偷窃行为横行，矿区冲突愈演愈烈，每年约有10人死于矿区冲突。为了缓解这一态势，巴里克（非洲）已经累计投入数千万美元来改善包括水电、学校、医疗等社区公共设施条件，甚至还在2011年设立了一个公益基金，每年投入1000万美元来补贴受矿区影响的村落。巴里克要求，如果中国黄金收购了巴里克（非洲），相应地也要接手该方面的负担，也就是说每年至少再投入1000万美元来解决该历史遗留问题，尚且还有一些区域问题尚未得到解决。同时该基金也刚刚成立，后期基金的运营也是一大问题，因此该问题也成了中国黄金本次并购的一大顾虑。

专栏2-1

缅甸莱比塘铜矿投资项目的停产与复工

（1）莱比塘铜矿项目的启动与告停。莱比塘铜矿项目位于缅甸联邦西北部实皆省南部蒙育瓦镇，距离缅甸第二大城市曼德勒120千米。从曼德勒出发，驱车2个小时便可抵达。项目投资方为中国兵器工业集团下属万宝矿产有限公司[①]（以下简称“万宝矿产”），缅甸合作方是缅甸联邦经济控股公司，项目总投资额10.65亿美元，设计产能每年10万吨阴极铜。项目设计单位为中国瑞林工程技术有限公司（原南昌冶金有色设计院）。项目分为基建期和生产期两个阶段。其中，基建期17个月，主要工程包括约2000万立方米剥离量和6.6千米的道路建设，合同额约6000万美元；生产期总服务年限约32年，年采剥总量约2760

① 万宝矿产有限公司，成立于2004年10月27日，是经中国政府批准注册成立的专业性矿业公司，注册资本为34亿元人民币，总部设在北京，并在海外设立控股子公司，从事海外项目的投资运作。

万立方米，合同额约8000万美元/年。

2010年6月3日，在中缅两国总理见证下，该项目产品分成合同正式签署。2011年7月8日，中国水电顺利中标承建缅甸蒙育瓦莱比塘铜矿项目。由中国水电十局有限公司作为牵头方与中国水电三局有限公司组成联营体，具体实施该项目的前期基建及10年生产期的采剥工作。2012年3月20日上午，缅甸莱比塘铜矿项目举行了奠基仪式。

从经济角度讲，莱比塘铜矿在当年是一笔可以超额盈利的生意，尤其考虑到，莱比塘铜矿并不是一个新矿，而是从加拿大公司手中承接过来的，因此地质风险、探采风险、环境风险、人文风险都相对较小。但是风险事件仍然发生了。从2012年11月起，当地居民开始抗议、上访，并且发生大规模抗议事件，投诉铜矿破坏耕地、拆迁补偿不公、污染水源、亵渎宗教寺院等，抗议者占领了万宝矿产在铜矿附近的营地，铜矿的建设工作在2012年年末被迫全部中断。

（2）万宝矿产的积极协调与工程复工。在建设工作被迫全部中断之后，缅甸政府成立了以缅甸全国民主联盟领导人昂山素季为主席的调查委员会。该调查委员会以2013年1月23日为限，对铜矿是否符合国际标准、采用恰当环保技术、对社会和自然环境的影响做出评估报告。最终提交的调查报告认为，“从经济、社会、环保和国际关系等各个角度综合考虑，调查委员会建议采取整改措施，继续实施莱比塘铜矿项目”。此后，缅甸政府成立了以总统府部长吴拉通为首，由数名政府部长参与的执行委员会，监督铜矿对整改建议的落实。调查报告执行委员会秘书长吴丁敏表示，“为当地村民生计着想，项目每年拿出数百万美元用于当地发展及环境保护，莱比塘项目完成时，当地将成为一座矿业城。”

万宝矿产作为中国在缅甸最大的投资项目之一，在缅甸社会转型期，并没有望而却步，反而是迎面接受考验，根据调查报告的建议，采取积极的态度，主动出击，对需要公司整改的事项一一落实，赢取好感，最终得到执行委员会和社区绝大多数民众的认可和支持。

①调查报告建议，应改正征地过程中存在的一些不足，提高土地补偿，将矿区部分土地退回给农民。根据合同和缅甸有关法律，征地及移民安置主体责任属于当地合作伙伴和政府，所以针对此建议，万宝矿产于2013年3月及2014年2月两次根据缅甸政府制订的标准提供额外资金，用于增加土地补偿。根据土地类型的不同，每平方千米土地的补偿金在80307.5万~45095.75万缅币。

除了法律规定和政府要求之外，2014年7月，万宝矿产在进行大规模社区沟通的基础上，推出针对失地村民的待业补助金计划，向因项目停滞未能获得公司工作的失地村民提供每月70美元至160美元不等的待业补助金。在参与沟通的35个村庄中，71%的失地村民接受待业补助金计划并支持项目；在参与逐户沟通的27个村庄中，接受待业补助金计划并支持项目发展的失地村民比例更是达到91%。逐户访问（Door－to－Door）的社区沟通在世界上任何一个矿业企业均为少有。而统计数据也表明，定期的和可预期的待业补助金发放是公司建设开发项目获得社会许可的有力保障。

关于退还矿区土地，按调查报告建议，共退还约3.66平方千米土地。其中，包括约1.19平方千米农田，约0.17平方千米道路用地，约0.08平方千米灌溉渠用地和约2.21平方千米环保用地。

②调查报告建议，应根据国际标准制订环境保护计划。针对建议，万宝矿产聘请澳大利亚著名矿业咨询公司Knight Piesold制订了“建设期环境和社会管理计划（CESMS）”和“环境和社会影响评价（ESIA）”。2013年10月11日，执行委员会通过CESMS，并使之成为莱比塘项目建设期遵循的环境和社会管理指针，政府亦成立由国内外专家、主管部门官员及社区村民代表组成的独立监控团队（Independent Monitoring Team），对公司执行情况予以监督。2013年11月，ESIA初稿提交给由缅甸政府官员和环保及社会问题专家组成的审查委员会，之后经过一系列的专家论证、社区沟通、澳大利亚同类型矿业项目实地调研

等，并根据专家建议完成多处修改；2014 年 12 月 23 日，ESIA 通过缅甸国家环保委员会终审会，该委员会由缅甸环保部长任主席，32 人成员中有 24 位各部副部长及其他 7 位司局级官员。

③调查报告建议，应修订万宝矿产与经控公司（MEHL）签订的产品分成协议。针对此建议，2013 年 7 月 24 日，缅甸矿业部下属的 ME1、经控和万宝矿产签订莱比塘铜矿产品分成补充协议，得到缅甸政府正式批准。根据新的补充协议，ME1 成为产品分成协议新增签约方，其分成、权利金及缅甸政府其他税收组成缅甸政府收益，占项目总收益的 51%，标志项目成为缅甸国家项目；MEHL 和万宝享受剩余的 49% 的利益。ME1 和 MEHL 负责有关矿区用地的一切责任，万宝矿产负责项目所有投资、设计、运营及完成 ESIA。合同还约定，项目建设期内，万宝矿产每年投入 100 万美元用于企业社会责任、社区帮扶项目；项目投产进入运营期后，各方净利润的 2% 将用于企业社会责任和社区帮扶项目；项目运营期内，每年将 200 万美元的环保保证金存入缅甸国有银行托管专用账户用于环境管理。

④关于莱比塘矿区山间佛塔搬迁，调查报告结论认为，“很难认为这些佛塔是文化古迹”，上述佛塔和禅房“找不到村民传说的是由莱迪高僧修建的宗教古迹的证据”。根据上述结论，2014 年 2 月 25 日，在执行委员会和缅甸宗教事务部组织的宗教仪式上，缅甸 27 位高僧一致认为，为了保证民众礼佛安全，可以将旧的山间佛塔实施搬迁，并在新址按照现有的设计扩建佛塔。2014 年 8 月 22 日，新佛塔竣工并举行塔伞、圣物开光及安放仪式，在当地村民的参与下开始接受民众礼佛。整个过程完全由宗教事务部和佛教界主导并实施，万宝矿产则遵照有关法律、法规、文化传统给予配合。

⑤调查报告建议，公司应有效实施社区帮扶；除了提供就业机会，还应大力发展中小企业（SME）项目。针对此建议，万宝矿产承诺在建设期内，每年投入 100 万美元用于社区帮扶；进入运营期后，合作方将每年 2% 的净利润用于社区帮扶。特别值得一提的是，在 2013 年的

社区帮扶中，公司投入了近180万美元，远远超出合同承诺的100万美元。

中小企业项目失地村民获得新的谋生渠道。万宝矿产通过扶持中小企业项目，帮助当地村民组建运输队、打井队、水泥管厂、砖厂等，帮助失地村民改变过去以农耕为主的生活方式，让他们获得新的谋生渠道。例如，莫久炳村的300多名村民，在附近山上采石，并将石头向万宝矿产出售，成为当地村民提高收入的一个主要来源。

⑥主动负担其他社会责任项目。万宝矿产在当地实施了一系列社区帮扶项目，为当地百姓通电修路，每月派医疗队到周围众多村落进行巡诊（已经累计有超过上万人接受过免费的医疗服务），积极礼佛，尊重当地宗教信仰。与此同时，万宝矿产雇佣当地村民成为企业员工，提高雇员的本土化比率，使企业不断本地化。很多当地村民已经在万宝矿产铜矿工作多年，在中国进行培训学习相关操作技能后，再次返回当地铜矿从事矿业相关工作。工作收入远远高于当地农耕收入。

通过以上努力，万宝矿产按照调查报告建议认真落实了每一项整改措施，取得了执行委员会的认可，并最终赢来了缅甸村民的合作，工程得以复工，项目得以推进。

万宝矿产展现了一个中国企业应有的智慧，用真诚打动了缅甸村民，使当地居民的态度由反对转为支持。因此，“一带一路”绝不仅仅是“设施联通、资金融通、贸易畅通、政策沟通”，更重要的是“民心相通”，万宝矿产这种赢得民心方得始终的做法，才是中国企业在“一带一路”中真正需要的。

二、“一带一路”沿线大型基建项目案例——以缅甸密松水电站投资项目为例

2009年6月16日，中国电力投资集团公司（以下简称

“中电投”)[①] 与缅甸电力部水电规划司（DHPP）签订伊江上游水电项目协议备忘录，以建设经营转让（Build - Operate - Transfer，BOT）模式在密松建设水电站，即密松水电站。2009 年 12 月 21 日，密松水电站正式开工，总投资额达 36 亿美元，缅甸政府获得 10% 的免费发电量与 15% 的项目股份，此外，缅甸政府还将征收所得税与出口税，在 50 年特许经营期内，缅甸政府可得到的经济收益将超过总收益的 60%，而且在 50 年特许经营期后，项目所有权移交缅方（项目经济寿命超过 100 年）。

然而，仅在该项目开工后不到两年就被叫停。在中方投入了巨大的人力、物力后，缅甸单方面宣布搁置密松水电站项目。彼时，大量建材物资已到场，项目“四通一平”已全面施工，场内道路、水厂、油库等工程已初具规模，而且缅甸已经把其持有的股份质押给了中国进出口银行。缅甸官方给出的理由包括：（1）破坏生态；（2）淹没古文化圣地；（3）有引发地震风险；（4）当地居民不赞同。而中国的专家学者则认为原因包括：（1）美国暗中支持反华投资行动；（2）缅甸反对派施压；（3）缅甸倒向西方。

缅甸的密松水电站项目，本是一项造福民生的巨型工程，理应受到东道国青睐，然而导致该结果的原因主要是由于复杂的国际形势与缅甸复杂的国内形势，也部分源于中国企业海外投资薄弱的风险防范意识和危机公关能力。

---

① 中国电力投资集团公司，组建于 2002 年 12 月 29 日，是集电力、煤炭、铝业、铁路、港口各产业于一体的综合性能源集团，是国家五大发电集团之一。注册资本为 120 亿元人民币，是中国唯一同时拥有水电、火电、核电、新能源资产的发电集团，是国家三大核电开发建设运营商之一。

（一）缅甸方面原因既复杂也简单

概括来讲，中方在一个有问题的地点、有问题的时机和有问题的合作伙伴共同启动了一个容易导致问题爆发的项目。

1. 有问题的地点

缅甸的国家行政组织，类似中国和美国的结合体，既有省也有邦（州）。“省”属于中央政府管辖，大多是缅甸族聚集地；而“邦”则是少数民族势力聚集地，不太接受中央管制。在缅甸的7省7邦中，掸邦和克钦邦这两个邦跟中央关系最疏远，一直都有自立门户的倾向。而密松水电站就位于其中的克钦邦内。

在开工之前，中电投已去过克钦邦，并进行了沟通。当时缅方当地族长等对中方的投资项目还持欢迎态度。中方也为当地居民提供了房屋，生活补助、彩电、每人每天0.5千克大米、配套学校、医院、宗教场所、警察局、消防与行政管理楼、邮局及集贸市场等设施，帮助当地人基本实现了现代化。然而，毕竟是是非之地，又逢多事之秋。

2. 有问题的时机

克钦邦与缅甸中央政府之间的矛盾在20世纪中叶就已存在。1947年，在昂山素季的父亲——昂山将军主导下，缅甸各民族签署了赫赫有名的《彬龙协议》。《彬龙协议》的最主要内容就是各山地民族享受很大的自治特权（山地民族是缅甸族对其他少数民族的称呼，类似于中国台湾地区的高山族是多个少数民族的统称一样），并可以在约定期限后选择是否独立。

然而，随着缅甸实现全国统一和中央政府的壮大，中央政府总想着将这些山地居民进行大一统，与这些在人种

（东北边的山地人更接近中国人）、财权、军权（有独立武装）等各方面都自成一体的掸邦、克钦邦等自治邦经常打打停停。当初牵头签署协议的缅甸国父昂山将军，则在协议签署不久就被暗杀，使得原本不牢固的信任关系趋近瓦解。

2009 年 6 月，密松水电站项目协议签署时，缅甸中央政府与自治邦处于未动武的时期。而仅在 2 个月后的 2009 年 8 月 8 号，双方冲突便重启。虽然战争发生在掸邦，但山地邦之间早已形成攻守同盟。2011 年 6 月 9 日，缅甸政府军和克钦军爆发战争。2011 年 6 月 15 日，生命线腾密路桥梁被炸，密松项目便举步维艰。到 2011 年 8 月底，克钦军封锁腾密路，密松水电站建设因为没有钢材、水泥、燃油等建设物资，早就停工，实际上已经进入瘫痪状态。

所以，2011 年 9 月 30 日，吴登盛总统突然宣告叫停密松水电站，更多的是对一个既成事实的承认，而非下达一个命令。如果这个项目不叫停，而中方还继续补人、补钱、补物资，只会造成更大地损失。

3. 有问题的合作伙伴

密松项目投资方除了中电投外，还有缅甸亚洲世界公司（Asia World）。该公司在缅甸争议很大：一是因为其被美国列在洗钱黑名单里；二是因为其幕后老板是罗星汉（即缅甸有名的大毒枭）。罗星汉与时任缅甸第一副总统丁昂敏吴关系极为密切，缅甸曾有媒体指出丁昂敏吴是 Asia World 的幕后股东。然而这个副总统在任缅甸北方作战部队的司令时，曾亲自带兵攻打掸邦和克钦邦，并造成当地大屠杀。就在 2011 年 7 月，密松水电站被叫停的 2 个月前，克钦邦还主张联合国调查丁昂敏吴。这样背景复杂的合作伙伴对项目的推进形成了很大的风险隐患。

因此，在密松水电站牵扯了多方利益时，爆发的冲突势必殃及中方利益。一个 BOT 50 年项目，至少要具备未来 30 年以上的全面和平投资环境稳定收益。在这样复杂多变的投资环境中，即使重启密松水电站项目，只要上述缅甸国内克钦邦问题得不到解决，风险就仍然存在。

（二）密松水电站项目搁置事件，暴露了中国企业海外投资内部经营管理的软肋

中国企业尤其是国有企业在本投资项目中暴露出以下问题：（1）简单地根据两国间暂时的外交关系制定投资决策，一味走上层路线，而忽略当地民意调查与国情考察；（2）没有妥善处理与当地 NGO 组织以及环保机构的关系；（3）对外危机公关能力存在问题。

由此可见，中国企业过分倚重国家政府公关，对于海外投资缺乏足够的风险防范意识，并且能够被轻而易举地指出相关可诟病的问题，以及中国企业的社会责任意识与大型跨国公司相比要薄弱很多，都不利于中国企业本地化。这些暴露出来的问题还会随着个案的累积，殃及中国企业海外投资的整体形象，进一步加剧中国企业海外投资的困难程度。本次密松水电站事故，就带来了缅甸对中国投资项目的反感和歧视并产生连锁反应，中国在缅甸的其他投资项目也受到波及。

三、“一带一路”沿线交通建设类项目风险——以高铁建设为例

中国高铁选择“走出去”，一是源于国内市场渐趋饱和，二是出于战略考虑，在水路交通的基础之上增加陆路交通的保障，以形成能源运输的“双保险”。海外高铁线路主

要有3个方向：泛亚线（有3个选择，东线越南，中线老挝、泰国，西线缅甸，然后经过马来西亚，最终抵达新加坡）、欧亚线（从新疆山口北上，途径哈萨克斯坦、俄罗斯、白俄罗斯和波兰）、中亚线（经吉尔吉斯斯坦、土库曼斯坦、伊朗、土耳其，最后抵达德国）。

专栏2-2

欧亚线、中亚线与泛亚线高铁建设的现实问题

欧亚线最大的阻力在于进入欧洲需采用欧洲标准，尤其是俄罗斯铁路一直采用迥异于世界的1524毫米宽轨，虽然中国主张采用国际通行的1435毫米标准轨，但俄罗斯表示需要向俄罗斯军方汇报，因此俄罗斯一直是欧亚线的主要阻力之一。然而哈萨克斯坦对欧亚高铁表现出浓厚兴趣，2016年11月28日上午，中国中车股份有限公司（以下简称“中国中车”）与哈萨克斯坦铁路股份公司在北京签署了合作谅解备忘录，双方将广泛探讨中国中车参与哈萨克斯坦轨道交通市场发展的可能性和途径。哈萨克斯坦自1998年将首都从阿拉木图迁往阿斯塔纳之后，一直有着要方便这两个相距1300千米的城市交通往来的需要。目前，其火车跑完整段路程需要12个小时，而若使用高铁则只需要4个小时。

中亚线和泛亚线的最大问题在于，沿线新兴市场国家无力负担这样的巨型投资，于是就采用交换资源的方式（被称为“高铁换资源”）来偿还，但是这无疑加大了谈判难度。中国与泰国的“高铁换大米”项目一波三折，谈判本身难度就很高，中间还由于政权更迭、资源等问题涉及民意支持的敏感地带，被迫叫停。即使再度重启，复杂的技术细节仍然是拖慢谈判步伐的重要因素。泛亚高铁关系着谁将掌握未来东南亚交通一体化的钥匙，进一步成为实际上拥有亚洲制造业顶级核心技术的大国，因此这对于亚洲产业梯队的整合有着非常直接的影响，在国际政治舞台上也会遇到不小的阻力。

中国高铁自2009年确定“走出去”发展之后，就积极地与其他国家建立高铁合作伙伴关系，但是大部分项目都处在谈判初期或仅停留在意向合作和框架协议的阶段。截至2016年年末，在已经有谈判结果的项目中，有完整竣工的，也有搁置或者违约的。其中，中泰“高铁换大米项目”就是一个典型的例子。

2013年10月11日在曼谷发表的《中泰关系发展远景规划》中称，中方表示有意参与廊开至帕栖高速铁路系统项目建设，以泰国农产品抵偿部分项目费用。泰方表示欢迎中方意向，将适时在2013年10月11日签署的《中泰政府关于泰国铁路基础设施发展与泰国农产品交换的政府间合作项目的谅解备忘录》基础上，与中方探讨相关事宜。这一合作方式被形象地形容为“高铁换大米”。

然而，在2014年泰国政权更迭之后，即英拉政府下台，巴育政府上台后不久，英拉在位时与中国签订的“大米换高铁”计划即被叫停。2014年1月8日，泰国民主党以这一项目的通过不符合正常程序为由，申请宪法法院对其进行裁决。泰国宪法法院于2014年3月12日的判决中表示，英拉政府推动通过的这一贷款基建项目无论是内容还是程序都违反宪法，因此决定撤销这一项目。

直到2014年12月，李克强总理与泰国总理巴育共同见证《中泰铁路合作谅解备忘录》和《中泰农产品贸易合作谅解备忘录》的签署，才意味着中泰两国“高铁换大米”的合作又可以重新开启。

专栏2-3

土耳其伊安高铁项目与沙特麦加至麦地那高铁

伊安高铁又称安伊高铁，是土耳其首都安卡拉至伊斯坦布尔的高速铁路，全长533千米。2005年，由中国铁建股份有限公司[①]（以下简称“中国铁建”）牵头并联合中国机械进出口公司以及土耳其两家公司共同组成合包集团，成功中标该高速铁路二期主要路段。中标路段全长158千米，合同金额达12.7亿美元，设计时速250千米。2014年1月17日正式竣工，2014年7月25日全线通车。伊安高铁项目是中国企业在欧洲拿下的第一单高铁生意，也是中国与土耳其建交40年来最大的工程合作项目，意味着中国高铁初步获得博弈欧洲高铁市场的“准入证”。

虽然该项目已经完结并投入使用，但是土耳其高铁建设，采用的是欧盟标准，技术要求更为复杂，成本也要高于国内，国内高铁造价，每千米都在1亿元人民币以上。例如，京津高铁，长度120千米，造价200亿元人民币，而中国铁建此次承包的土耳其高铁项目，总长为158千米，竞标报价却只有12.7亿美元（约合73亿元人民币），每千米报价约合4000多万人民币，连国内成本的一半都不到。超低价竞标、草率报价使该项目远远谈不上盈利。

沙特麦加至麦地那高铁是沙特投资建设的第一条双线电气化高速客运专线，同时也是中国企业在中东地区承建的第一条高速客运铁路。沙特麦加—麦地那高铁全长约480千米，项目起点位于伊斯兰教朝觐圣地麦加，终点为另一座伊斯兰教圣地麦地那，途径沙特第二大城市吉达，自北向南分别途经麦地那、拉比格、吉达和麦加4座城市，设麦地那站、拉比格阿卜杜拉国王经济城站、阿卜杜·阿齐兹国王国际机场站、吉达站和麦加站5座高铁站，设计最高时速360千米。

沙特麦加至麦地那高铁一期工程总造价67.85亿沙特里尔，折合约18.09亿美元。中铁十八局集团[②]（以下简称“中铁十八局”）承建麦

---

① 中国铁建股份有限公司（CRCC），由中国铁道建筑总公司独家发起设立，于2007年11月5日在北京成立，为国务院国有资产监督管理委员会管理的特大型建筑企业。2008年3月10日和2008年3月13日分别在中国上海和中国香港上市（A股代码601186、H股代码1186），注册资本为123.38亿元。

② 中铁十八局集团有限公司，系全国首批工程施工总承包特级企业，并具有对外承包工程资质和对外经营权。

加至吉达段内主要铁路桥梁、新建公路桥和涵洞等结构物的施工工程，所占比例约为一期工程总投资的21.25%，合同额约为4.23亿美元。

该项目于2009年启动，预计使用年限120年，2016年3月30日，伴随麦加至麦地那高铁2KM桥DECK1段最后一段顶板现浇梁的浇筑完成，宣告中铁十八局承建的沙特麦加至麦地那高速铁路一期土建工程全部完成，预计2017年年末投入使用。

四、“一带一路”沿线国家行业并购的风险案例分析——以TCL收购德国施耐德电气为例

TCL集团股份有限公司（以下简称“TCL”）成立于1981年，起步时还是一个地方国有企业，改制后保持了20多年的高速增长。到20世纪90年代末，已然发展为一家大型国有企业。也就是在这一时期，TCL启动了国际化进程，以发展中国家作为突破口，在越南、印度、印度尼西亚、菲律宾等国家设立海外机构，并转战欧美发达国家，开始了大刀阔斧的并购活动，以期通过引进先进技术并获得国际渠道在西方市场上立足。TCL在欧洲市场打响并购的第一战便是收购德国施耐德电气有限公司①。

施耐德电气有限公司（以下简称“施耐德”）是德国的一家百年老牌电视机生产厂商，成立于1889年，最初从事木材加工。1953年，进入音响制造领域；1983年，生产出第一台电视机；1986年，成为一家上市公司；进入20世纪

① 欧洲有众多挂着“施耐德”名号的公司，德国的这家施耐德电气并非全球范围内为人所知的法国施耐德电气公司，德国施耐德电气在2002年被TCL并购后，仍然无法扭亏为盈，早已关门大吉，法国施耐德则是世界500强，年销售额超过两百多亿欧元。

90 年代，开始亏损。21 世纪初期，施耐德拥有三条彩电生产线，彩电年产量为 100 万台，在欧洲具有自己的销售渠道，并在欧盟占有相当一部分市场份额。2001 年，41 万台的彩电销量就已经超过欧盟给予中国所有家电企业配额的总和。然而在 2002 年，施耐德宣布破产，当地政府积极打探，寻求买家，最终找到了 TCL 公司，邀其收购施耐德。

机会降临，TCL 当机立断决定全资收购，于 2002 年 9 月宣布，其国际控股公司新设立施耐德电气有限公司，与施耐德破产管理人达成收购协议，收购金额为 820 万欧元，收购资产包括：施耐德全部生产研发设备、销售渠道，现有存货包括施耐德名下的其他多个品牌，还有总面积达 2.4 万平方米的厂房和办公建筑用地。2002 年 10 月 25 日，收购后的施耐德在德国慕尼黑开业，并购序幕正式拉开。此举，对 TCL 进军欧美市场意义重大，不仅可以利用本地品牌和渠道绕开反倾销等贸易壁垒，还在欧洲拥有了自己的生产基地。但是该收购并没有出现预想的美好结果。TCL 并没有扭转施耐德的颓势，接手以来，在 TCL 手上的施耐德一如既往地亏损，3.5 年的时间内，频繁更换了 4 任 CEO，却始终对改善经营状况束手无策，最终还是关门大吉。

这样的并购结果，可谓是意料之外、情理之中，如此草率的并购也暴露了当时 TCL 内部决策过程中存在重大瑕疵。

（一）在国际化大战略的背景下，调查不充分，对被收购方了解不透彻，草率决策

TCL 在对施耐德实施并购的过程中，对施耐德的调查过于简单，没有请专业机构做更详细的调查，凭经验认为施耐德作为德国的一家百年企业，具有不可动摇的销售渠道和品牌地位，而这两点又刚好是打入德国市场所需要的，因此草

率做出收购决策。但是，施耐德在德国人民心中的形象已然是一家产品低端（甚至还不如 TCL 先进）、思想保守、随时面临破产危机的企业，加上德国电视机市场已经趋于饱和，未来的销售增长点在于高精尖产品，而不是生产不出高精尖产品的施耐德，所以即使施耐德的品牌下装的是 TCL 的高精尖电视，估计被市场接受的可能性也很低。所以，当时德国当地政府基本上找不到本土品牌来接盘，转而寻求海外资本，结果 TCL 的一时冲动形成本次失败的收购。

（二）并购之后的跨国企业管理经验不足，资源整合能力欠佳

并购之后，施耐德的 CEO 更换了 4 次。最初聘请了荷兰籍经理汉斯·克劳斯普，原因是汉斯曾在跨国家电公司荷兰皇家飞利浦任职，并且有在中国香港居住 4 年的经历，公司认为汉斯既具备跨国公司管理经验又了解中国文化，是合适的人选。但是，仅仅在汉斯任职 2 个月之后，汉斯就因“不能执行 TCL 的文化和战略”而被解雇。这之后的经理人面临的考验并不比汉斯小。例如，中国香港人孙熙伟在就任施耐德总裁前，在 TCL 仅有 2 年的工作经验，且只是在亚洲地区，对于德国的本土文化知之甚少。由此可见，公司极度缺乏跨国管理型人才，在选聘人才方面也缺乏经验。再加上频繁的领导层更换，更给企业员工带来消极的影响，共同导致了并购失败的惨局。

第三节
“一带一路”沿线国家投资风险对策

一、加强对外直接投资的顶层设计

（一）制定国家对外直接投资战略

一个国家的顶层设计是支持并有利于国家对外投资的。借鉴诸多发达国家的对外投资经验，将直接对外投资的区域以及产业规划提升到国家战略高度，借助“一带一路”这个平台与其他国家展开合作，尤其是产能互补的合作。对于沿线一些与中国关系良好且有经济合作基础的国家，要特别加以重视，贯彻“先周边后其他”的对外直接投资策略，推进双方优势互补产业的合作。为了进一步扩大对外投资的范围，国家应加强对距离较远的西亚、中东、东欧地区投资政策设计，进一步释放中国的产能，挖掘当地的投资潜力，完成中国企业对外投资的布局。此外，须根据不同国家的经济状况、资源禀赋等，实行差异化对外直接投资策略。

（二）经济外交增进战略互信

经贸活动和政治交往需要政府间的信任与支持背书。我国在推进“一带一路”沿线的投资过程中，应该在和平共处五项原则的基础上，秉着互利共赢、求同存异的外交原则，打造命运共同体和利益共同体，树立正确的利益观，寻求利益契合点，积极宣传并践行经济外交策略，从国家层面增进战略互信，通过实际行动化解国家之间不必要的摩擦与分歧。与此同时，还要借助现有的合作机制，积极开展与国内外各种组织的合作与交流，谨慎对待国家间博弈因素和地缘政治，虽不结盟不争霸，但要有忠实的合作伙伴，并以强大的军事力量作保证，在摩擦与分歧中最大限度地谋求各国经济共同发展。

对于战争、政变、动乱等不可抗力风险，对内要发挥政策性金融机构的保障作用，尽快完善海外投资保险制度，最大限度地降低系统性风险。对外要积极签订并贯彻落实双边投资协定，不断完善双边投资协定的水平和质量（采用准入前国民待遇加负面清单的模式，在保障投资利益的基础上提升投资便利化与自由化的水平），为企业海外投资奠定良好的基础。

（三）改善“一带一路”的投资环境

“一带一路”倡议的合作重点为政策沟通、设施联通、贸易畅通、资金融通、民心相通，即“五通”。“五通”作为中国企业海外投资的客观需要和“一带一路”的本质要求，可以有效改善投资环境，进而降低投资风险。

在政策沟通方面，要加强宏观政策的协调性，尽量减少“一带一路”倡议分歧，满足各个国家的不同需求，并加强政府和区域间的合作，完善交流机制，实现互利共赢，尽量避免将污染严重的产业简单转移到他国。

在民心相通方面，从奠定民意基础做起，弘扬丝绸之路精神，重视对中华传统文化的弘扬，并开展民意调查，增进与民众的沟通交流，让国内外人民一起为“一带一路”做出自己的一份贡献。

在设施联通方面，可以优先发展一批“铁公基”项目，既能促进中国对外投资和工程承包的协同发展，又能保证海上贸易和投资安全，还能切实改善东道国的硬环境，进一步促进中国的对外投资。

在贸易畅通方面，中国要与各贸易伙伴国一起密切沟通，加强合作和国际监管力度，提高监管水平，提升行政效率，帮助落后国家进行投资管理体制的改革。同时中国还要与各国共同协商解决投资争端，消除投资壁垒，保持中国外资政策的稳定性和公平性，促进投资便利化。

在资金融通方面，中国应优先解决基建行业的融资缺口，深化多边金融合作，借助丝绸之路基金和亚投行两个重要机构，为海外投资提供强有力的金融支持；同时加强金融监管合作，帮助落后国家完善金融体系、稳定金融市场，避免拉美债务危机、东南亚金融风暴等剪羊毛式灾难的重演。

（四）深化改革，强化市场机制的作用

深化对外投资体制改革，正确处理好市场机制和政府宏观调控的关系。首先，要发挥市场在资源配置中的决定性作用，提高企业自主创新的积极性，不断通过改革实现简政放权，减少政府行政干预和事前审批造成的效率低下，把监管的重点放在事前和事中。其次，要落实海外投资问责制和企业的投资主体地位，鼓励海外投资和民营企业投资，促进企业投资的分散化，通过市场机制辅以政府引导，实现地区分布、行业分布和投资主体的多元化。

此外，不断完善公共服务体系也是政府的当务之急。相关部委应对投资分布过度集中的地区，提供国别风险评估、国别投资项目推介等公共服务产品，加强国别研究，并通过

推动产业链向高端迈进，避免低层次的恶性竞争，提供更为完善的产业和技术方面的指导。为了避免企业在空间上的错位投资，要鼓励企业的创新发展调节机制，减少企业之间的内耗。对于较为敏感的投资主体，应让企业成为真正的市场主体，政府要减少对企业的直接干预，进一步简政放权，使民营经济和国有企业形成友好竞争的局面，促进国企、民企、外企联合投资发展的局面。对扎堆分布的行业而言，要实现行业上的错位发展，逐步引导企业向价值多元化转型升级。

（五）以点带面，稳步推进

中国政府及企业须积极探索对“一带一路”沿线国家的投资模式。可以在两国政府的支持下，联合双方具备互补优势的产业，在东道国境内建立工业园区，并且可以在示范园区内探索各项产能合作的具体实施模式，为中国企业对外直接投资、加强产能合作提供示范样本。然后在成功对外投资项目的基础上继续推动其他领域以及对其他地区的直接投资，以此形成以点带面的扩展模式，稳步推进中国企业走出去。同时，也要加强对企业对外直接投资行为的指导，一方面指导企业投资配合国家的对外直接投资战略；另一方面也要科学、合理指导企业“集群式”对外直接投资，以产业集团的方式争取更多当地优惠政策，但是也要避免相同行业内企业“扎堆式”投资于同一地区、同一行业，使得彼此间竞争过于激烈而导致整体收益降低。

二、打造一批具有国际竞争力的跨国企业

提升企业国际竞争力和对外开放实力是现阶段我国市场

经济体制下企业的主要任务。企业作为跨国经营和进行海外投资的主要力量，要想在对外投资中取得成功，必须要有公共外交意识、投资创新能力和国际化视角。

（一）明确企业对外直接投资规划

企业应根据自身经营实力和发展要求，制定符合自身实际的对外直接投资发展规划。在解决自己为什么要对外直接投资以及怎样进行对外直接投资之后，才能做出科学的决策，避免对外直接投资中的盲目冲动。此外，企业还应当树立起本土化和国际化的经营目标，在国际化的过程中实现资源的优化配置，充分利用“一带一路”沿线地区丰富的人力和自然资源，促进自身更好地发展。与此同时，企业也要积极实施本土化，通过合资、合作经营等多种方式，将中国企业的利益与东道国企业、人民的利益结合起来，使得中国对外直接投资的企业能够得到当地政府以及人民的欢迎，并能有效地打开当地市场。

（二）提高企业自主创新能力

虽然我国企业对“一带一路”沿线的直接投资已初步取得成效，但与发达国家之间的差距也不容小觑。与对外投资大国美国相比，中国对外直接投资企业在创新水平方面仍比较落后。为了提高自主创新能力，中国企业不但要制定有效的内部奖励机制，还可以与高校及研究机构进行“产学研”的联合，把自己打造成投资收益高、科技水平高、环境污染少、投资消耗少的企业。

（三）维护企业形象，加强企业公共外交

中国企业“走出去”代表的不仅是单个企业，而且关

系到中国的国际形象和影响力，更关系到“一带一路”倡议的国际声誉。因此，企业应加强与当地各方的沟通与交流，提升企业品牌和形象，将公共外交纳入企业对外直接投资规划，制定公共外交策略，加强与本国和东道国政府的沟通和协调，加强与国际非政府组织以及东道国民间机构的沟通与合作，同时遵守当地法律制度，尊重当地宗教习惯，履行社会责任，积极宣传品牌正面形象，学会应对危机公关，提升公共外交水平，为企业对外直接投资创造有利条件。

（四）练好内功，积极融入当地

中国企业在对外投资时要着力打造自己的核心竞争力，提高自身的风险防范意识。从小事做起，重视经验的积累和能力的提升，不要过分着眼于眼前的利益，要立足于长远的规划，用发展的眼光来经营企业。对外加强交流取长补短，向发达国家跨国公司学习经验，积极融入当地社会，通过本地化赢得民心，并与沿线东道国政府和民众保持良性互动，树立良好形象、消除民怨。尤其是，中国企业的海外经营要跳出自己封闭的意识形态，淡化自身的外资身份，要入乡随俗，尊重当地的风俗和文化，用当地人的思维方式进行企业管理。

三、完善对外直接投资的促进和保障体系

要想使“一带一路”倡议的措施取得更好的成效，除了提出较好的设想，还需要有正确的政策支持和完善的法律制度作保障。

（一）建立统一的对外直接投资管理机构

应该改善当前中国对外直接投资管理机构部门不统一、

权责不明、职能分散等相关问题，建立对外直接投资的统一领导管理机构，从而更加有利于政府的宏观管理和指导。同时，统一领导管理机构的建立还会简化企业对外直接投资的审批程序，降低这些企业的税务负担，提高国内企业对外投资的积极性。

（二）建立健全对外直接投资的法律法规体系

我国在鼓励和促进中国企业“走出去”的同时，也要对这些企业在国外的合法权益进行保护。因此，要借鉴其他发达国家的成功经验，建立健全对外直接投资的法律法规体系，确保中国在对外直接投资的过程中有法可依。同时，协调利用国际规则、国际法以及其他国家的法律法规，为中国对外直接投资的企业提供必要的法律保护。

（三）建立对外直接投资综合效益指标的评价体系

中国企业对外直接投资规划不能仅追求“量”的增长，而应更加注重“质”的提高。要以效益增长、产业结构调整、国际竞争力提升为目标。因此，建立一个科学、综合、全方位的对外投资效益评价体系，有助于中国企业实现高质量、高标准、低风险的对外直接投资规划。

四、建立完善的风险防控机制

针对中国企业对外直接投资面对的政治、经济、技术等多重风险，应该尽快建立健全风险评估、预警、防控机制，帮助中国企业提高抵御风险、控制风险的能力，从而提高企业对外直接投资的成功率和效益。

（一）加强事前投资风险评估

中华人民共和国商务部等部门对“一带一路”沿线国家的《国别贸易投资环境报告》、《对外投资国别（地区）指南》、《对外投资合作国别（地区）产业导向目录》等权威的对外投资环境评估和指南要做及时的公布和更新，以便发挥其部门权威的公众影响力，促进“一带一路”倡议与时俱进地得到落实。

相关的商会、行会及第三方机构也应大量搜集和整理各国信息，为企业提供既准确又及时、既全面又系统的信息咨询服务。例如，成立“一带一路”对外直接投资智库，联合高校成立“一带一路”对外直接投资研究中心或咨询机构，为企业提供各个国家和地区的政治法规、政策制度、经济环境、当地优势条件、办理程序等各方面的信息。

（二）建立投资风险监控机构

在进行海外投资和跨国经营过程中，企业内部也应建立专门的风险监控机构，落实专人负责对所投资国家经济指标、法律法规、政策变化进行日常监控，并根据监测情况提供具体的风险监控报告，及时识别企业面对的各种风险，并立即采取相应措施化解风险。

（三）健全投资保险体系

政府应当联合各金融机构建立健全对外直接投资的保险体系，从而消除企业对外投资的顾虑，使企业在对外投资风险爆发后尽量减少自身的损失。除此之外，还应该放松金融管制，深化金融改革，借鉴国际上担保机构运作模式的成功经验，结合自身的特点加以创新，形成具有中国特色的投资保险体系。

第三章

“一带一路”沿线的信用风险及其防范对策

自2013年提出“一带一路”倡议以来，我国对外经济活动明显呈现大幅增加。在大量项目带来成功的同时，一大批项目则陷入失败。据统计，2005—2014年上半年，中国在“一带一路”沿线国家投资失败的大型项目数量为32个，占这一时期中国对外投资失败的大型项目总数的24.6%；在“一带一路”沿线国家投资失败的项目金额达560.2亿美元，占中国对外投资失败大型项目金额的 23.7%[①]。这些数额巨大的损失很大一部分是由于对潜在的信用风险防范不当造成的。

第一节
“一带一路”沿线信用风险定义及特点

在深入展开“一带一路”沿线国家信用风险分析之前，我们有必要清楚界定信用风险及其特征，以便明晰沿线国家存在的信用风险危害性和有针对性地提出应对措施。

一、信用风险的定义

在国际投资和对外经贸的过程中，由于多重因素影响信用风险的普遍存在，信用风险对对外投资成功与否有着关键的影响。

信用风险包含信用和风险两层含义，根据经济学的定义：信用是一种契约精神，是通过承诺在将来某一确定的时间付款而获取资金、物资和服务的能力；风险是指遭受损失、伤害、不利或毁灭的可能性。信用风险多指金融市场上存在的违约风险，指借款人由于外部因素或自身财务问题而不能按照合同要求及时偿还借款。

根据表现形式和使用领域的不同，信用风险可以有不同

① 王永中、李曦晨：《中国对一带一路沿线国家投资风险评估》，《开放导报》，2015 年第 4 期。

的划分：信用风险集中表现为接受信用的一方遭受损失。按接受信用一方的具体表现划分，信用风险可以分为三类：拖欠、赖账、接受提供信用一方的破产；按信用风险的使用领域划分，信用风险可以分为：商业信用、银行信用、投资信用、个人信用和国家信用①。

“一带一路”沿线的信用风险指的是一国在对外投资的过程中，由于另一国存在政治、经济、文化等因素的影响而使其履行合约条款的能力不足，存在违约的风险。例如，曾经作为中国高铁“走出去”的重点工程——中泰铁路项目，民间俗称的“高铁换大米”项目，在项目计划谈判的过程中由于泰国政局的动乱导致英拉政府倒台，新任政府上台后声称该项目违反泰国宪法而最终使这一能够促使中泰两国共赢的项目无疾而终。

信用风险如果发生，会使信用接受方蒙受巨大的损失，导致资本市场的紊乱和社会信用体系的失调。因此，在“一带一路”倡议对外投资的过程中要严格评估信用风险可能造成的损失，分析投资的可行性，采取切实可行的措施做好信用风险的防范工作。

二、“一带一路”沿线信用风险的特点

在研究信用风险对“一带一路”的合理布局影响之前，首先要认清信用风险的特点，只有做好研究才能更有针对性地解决问题。信用风险有如下 3 个特点。

① 谭永智：《信用风险的定义以及如何分类》，《中国贸易报》，2004 年 9 月 23 日。

（一）潜在性

信用风险的潜在性，是指在明知国外某些企业经营管理状况欠佳、盈利能力较差的情况下，仍对这些企业展开投资或经贸合作。一方面，这些经营状况较差的国外企业急需外部资金的“输血”，通常承诺较高的资本回报，国内资本在投机驱动下对这些企业注资将面临极大的信用违约风险；另一方面，国外这些运营不良的企业给中国企业提供了合资或并购的机会，可以为国内企业提供进入国外市场的便捷途径，国内企业为寻求全球化发展必须与其展开合作。

当前，各国开展对外投资很大一部分采取企业并购的形式。研究显示，企业海外并购的失败率在50%～70%，这使国内资本在对外投资收购中的一些项目风险可能高于收益。例如，2004年中国家电巨头TCL收购法国汤姆逊彩电，但当时彩电技术逐渐由CRT（背投电视）向等离子及平板显示屏过渡，汤姆逊主打的CRT技术已逐渐过时。TCL主要看中汤姆逊公司在欧洲及北美的销售渠道，未做好相关风险调查，在并购后的几年逐年亏损，最终TCL只能在支付巨额赔偿后关闭了欧洲工厂。

（二）长期性

中国“一带一路”倡议对沿线国家的资本输出，以基础设施建设和资源的开发、利用为主，这些项目投资金额巨大、周期较长、不确定因素较多。而“一带一路”沿线国家大都经济基础薄弱，存在巨额的经常性项目赤字，外汇储备较低，偿债违约风险较大。投资期的延长更加大了债务违约的信用风险。

一旦信用风险发生，相关事件处理、解决以及协商不成提起诉讼、仲裁等过程存在较长的时滞，在这一过程中资金不能回流或者出现汇率变动造成的汇兑减少，对投资方造成长期危害。信用违约极易发生，但重树一个地区和企业的信用形象需要耗费更长的时间和努力。信用风险一旦发生，对当地的经济环境会产生持久深远的影响，其外部性会对其他企业和行业造成更深层次的危害，严重破坏一个地区的经济生态。

（三）破坏性

信用风险一旦发生，就会对涉事企业造成极大的不利影响，不仅会消耗涉事企业大量的人力、物力、财力处理违约事件，还会对违约公司甚至相关地区造成间接的危害，使违约方信誉变差，损害企业形象甚至国家地区形象，对当地的信用体系和经营环境造成极大的负面影响。长此以往，当地经济社会发展受阻，经济发展、产业转型升级将困难重重。

信用是不同个人、群体之间进行交流合作的基础，国家间的交流合作更需如此。因此，在中国推进“一带一路”倡议，发展与沿线国家的交流合作、合作共赢的过程中必须确保双方能秉持诚信原则，严格恪守契约精神，尽最大可能降低信用风险。

三、“一带一路”沿线的信用风险形式

“一带一路”倡议目标宏大，横跨亚欧大陆，涉及亚欧非 3 个大洲的数十个国家，涉及地区覆盖总人口超过 46 亿人（超过全球人口的 60%），GDP 总量达 20 万亿美元（约

占全球 GDP 总量的 1/3)[①]，几乎涵盖了世界上各种政体、民族、宗教。由于涵盖国家、区域、民族的复杂性，影响信用风险的因素也是复杂的。具体而言，“一带一路”沿线国家面临的信用风险大致可分为两类，即宏观信用风险和微观信用风险。

（一）宏观信用风险

“一带一路”沿线中的宏观信用风险包括国家主权信用风险、金融体系风险、外债风险以及沿线国家的政治、安全、人文等方面的因素造成的风险。

1. 国家主权信用风险

主权是一国独立自主地处理对内、对外事务的权力，其基本特点是对内最高及对外独立。国家是主权信用的载体，在大多数情况下主权借款人就是国家。主权信用风险是指一国的主权借款人未能及时、足额偿付到期债务的风险。主权信用风险的属性主要包括：（1）偿付意愿的重要性；（2）有限赔偿；（3）缺乏担保[②]。国家主权信用风险主要以国际信用评级机构的信用风险评级为依据来测度一个国家偿付外债的能力。

目前，国际上主要有三大信用评级机构，分别是标准普尔（Standard&Poor)、穆迪（Moody's）和惠誉（Fitch Ratings)。中国国内有大公国际资信评估有限公司、中诚信国际信用评估有限公司等。这些信用评级机构主要以一国的经济状况、社会状况、政治稳定性、政府效率、外汇储备及流动性等因素作为考核评级依据，对国家的主权风险做出估

① 张茉楠：《全面提升“一带一路”战略发展水平》，《宏观经济管理》，2015 年第 2 期。

② 王稳、张阳、赵婧等：《2015 年全球主权信用风险评级研究》，《保险研究》，2016 年第 4 期。

计，评分越高信用违约的风险越小。信用风险评级的高低也会影响一国金融产品的定价权，影响一国在国际信贷市场上借贷的利率。评级越高，一国进行国际借贷时的利率越低。主权信用评级会直接影响一个国家经济的稳定及其企业在国际市场上的信用等级。例如，2009 年 10 月，希腊政府公布财政赤字和公共债务分别占国内生产总值的 12.7% 和 113%，远远超过欧盟规定的 3% 和 60% 的安全上限。国际三大评级机构随即下调了希腊的主权信用评级，致使希腊借贷成本上升，国内经济遭受严重冲击。继希腊债务危机发生之后，评级机构又先后下调爱尔兰、葡萄牙、西班牙、意大利等主权国家信用评级或改为信用展望为负，进而引起更大规模的欧洲国家的主权债务危机，使世界许多国家的主权信用受到影响。

沿线国家中，信用等级差别较大，既有新加坡等高信用评级的国家，也有乌克兰、也门等信用等级较低的国家。信用等级的巨大差异也给我国的对外投资策略增加了更加严峻的挑战，增加了信用风险发生的可能，如果将在信用等级较高的国家进展顺利的项目不加变化地复制到发展中国家，很大程度上会使这些项目因"水土不服"遭受失败。

在次贷危机和欧洲债务危机的双重压力作用下，全球信用体系遭受了巨大冲击，中国企业在"一带一路"沿线国家投资将面临更大的信用违约风险。首先，"一带一路"沿线国家多为不发达的发展中国家，经济基础薄弱、缺乏良好的经济环境，部分国家经济政策的连续性和稳定性难以得到保障，基础设施不健全，政府行政效率不高。其次，在中亚地区和中东地区存在严重的民族、宗教、领土争端、战争等问题，政局不稳定，社会安全和商业安全受到极大冲击。目前，国际公认的三大评级机构均来自欧美发达国家，由于意识形态和经济制度的不同，其对沿线发展中国家的主权信用评级较低，“一带一路”倡议在这些国家推进的过程中将会面临更大的信用违约风险。

2. 金融体系风险

金融体系是一国金融机构之间相互联系、相互作用的系统，在“一带一路”沿线国家中由于政体、制度的不同，金融体系也不会完全相同。“一带一路”沿线国家多数为经济欠发达、金融制度欠完善的发展中国家，存在着金融体系不能完全支持其国家经济发展的状况。沿线发展中国家金融体系大多是以银行为主导，间接融资为主，资本市场尤其是债券市场发展落后。

这些国家金融体系的不完善加大了中国“一带一路”倡议实施过程中的信用风险。首先，沿线国家的投资活动以间接融资为主，其银行业的风险过度集中，随着银行坏账的积累，其信贷的质量越发难以得到保证，严重影响其还债能力。其次，沿线国家的债券市场不发达，融资渠道不畅通，直接融资规模较少。这使得中国企业在东道国进行投资建设时很难通过发行债券从当地直接募集资金，难以形成与当地资金的合作。“一带一路”不是中国一家的独奏，而是沿线国家的合唱，但沿线国家的这种体系障碍很可能会使出资责任落到中国政府头上。如果不能带动东道国资本的注入，会使其违约的成本也较小，无形中增大了发生信用违约的可能。再次，沿线国家中部分国家的经济是出口导向型。例如，东南亚的泰国、越南、印度尼西亚成为新的“世界制造工厂”，中亚、中东的哈萨克斯坦、伊朗等国经济主要以原油出口为支柱。在金融危机之后，部分发达国家为提振本国经济，提出跨国公司“去国际化”和“制造业回国”的战略。例如，苹果公司宣布将 Mac 电脑的部分生产线迁回美国，通用电气也将国外的生产线转移回国。这使得沿线国家的产业结构遭受巨大冲击，使出口经济增长模式难以为继。

沿线国家整体金融风险较大，大部分高风险国家分布在中东欧地区。这些地区对外资依赖较为严重，金融、银行体系结构复杂，外资渗透较高，政府很难实行有效的财政货币政策。例如，西方对俄罗斯的制裁致使俄罗斯金融和非金融部门遭受极大冲击，俄罗斯在经济上遭受孤立，原油下跌、卢布贬值，使得俄罗斯许多企业陷入债务困境，融资成本加大，金融体系受到严重破坏；土库曼斯坦尚无证券市场，金融系统极不发达，社会信用体系薄弱，其国内银行业务受到政府的严格监管，缺乏各类经营性活动，缺乏货币政策实施工具；孟加拉国国内银行自有资金不足，不良贷款高筑，资本充足率较低，短期内金融体系信用风险较大。

除此之外，部分沿线国家为结盟国家，像俄罗斯、白俄罗斯和哈萨克斯坦同属俄白哈关税同盟，波兰、匈牙利、捷克等国都是欧盟成员国，东南亚的大多数国家属于东盟组织。这些区域联盟经济上协调一致的要求可能会对沿线国家金融体系的自主性产生限制，增加了信用风险发生的可能。

中国与“一带一路”沿线国家之间没有成熟的货币债券市场，没有完善的交易、支付、结算系统，尚未形成统一的金融监管体系和便利的跨境清算合作机制，也没有有效的法律保障投资者的合法权益。这些在很大程度上增大了在沿线国家投资的信用风险。

3. 外债风险

外债风险，是指一国发生国际借贷业务时，由于汇率变动或经济形势的变化使该国按时偿付外债本息的压力变大，面临着主权债务违约的风险。

在“一带一路”沿线国家中，部分国家由于经济结构的不完善，缺乏相关国内融资机制，不得不举借外债来发展本国经济。但不断扩大的外债本息规模会给这些国家带来沉重的外债负担。国际上通常用3个指标衡量一国偿还外债的能力，即负债率、偿债率和债务率。负债率是一国外债余额与经济总规模（GDP或GNP）的比率，用于测度一国经济增长对外债的依赖程度或一国外债的整体风险，国际公认的标准是负债率应该控制在20%以下，20%是“警戒线水平”。偿债率是一国当年到期债务（短期债务）本息与出口收入的比率，主要用于测度一国的债务负担，国际公认的警戒线标准是25%。债务率是债务余额与出口收入的比率，在债务国没有外汇储备或不考虑外汇储备时，这是衡量一国外债负担和外债风险的主要指标，该指标国际公认的安全标准是小于100%①。虽然国家主权债务是以国家财政作担保，但近年来随着世界经济的持续动荡，国际上发生的主权债务违约事件不在少数。20世纪80年代，拉美国家大规模爆发主权债务违约，近40个发展中国家要求债务重组；1998年，俄罗斯发生主权债务违约；2000年，阿根廷出现主权债务违约；2014年，希腊作为发达国家和欧盟成员国也爆发了主权债务危机。

汇率的变动和国际主要商品价格的下跌也会使一国外债负担加重。2016年年末，美联储加息以寻求美国经济温和扩张，美联储官员预计2017年还将加息，以避免美国经济过热、降低通货膨胀率。加息将导致美国利率水平的上升和美元的走强。美联储加息会使新兴市场经济体面临的外债风

① 王晓雷：《负债率、债务率、偿债率与储备债务系数——20年来我国外债变动分析》，《上海经济研究》，2007年第2期。

险变大。据国际清算银行的有关数据显示，截至2016年6月末，新兴经济体的跨境银行借款存量达3.3万亿美元。其中，约48.2%以美元计价①。部分外债负担沉重的新兴发展中国家可能会爆发外债危机。此外，美联储加息会导致国际热钱撤离新兴经济体流向美国，致使新兴经济体遭受资本外流冲击，汇率风险上升。而在丝路经济带上，许多国家的经济属于资源导向型经济，这些国家的外汇收入主要来自于本国石油、天然气等资源出口。近年来，国际油价大幅震荡，当国际油价骤然下跌时，这些国家的贸易收支面临严重赤字，加大偿还外债的信用风险。例如，“中亚五国”之一的哈萨克斯坦是世界上石油资源最丰富的国家之一，奉行“资源立国”战略。独立后为改变经济结构单一、非资源类产业发展严重滞后的面貌，哈萨克斯坦大力举借外债发展本国经济，外债总量持续攀升。经历了2008年经济危机、2016年年初国际油价大幅下跌和俄罗斯经济危机的影响，哈萨克斯坦的石油出口贸易收入大幅下降，国际收支赤字不断扩大，负债率、偿债率和债务率三项指数均大幅高出国际安全警戒线标准，致使其面临极大的外债风险。再如，非洲的部分国家外债负担高，但自身经济无力偿还高昂的外债，长期靠债权国减免债务来维持国家经济的运行。

专栏3-1

“一带一路”沿线政治风险引致的信用风险

政治风险是指在海外投资中，由于东道国政权变动、政府不确定的行为甚至发生战争、暴乱等政治事件使东道国投资环境发生巨大变化，从而对投资企业战略目标的实现产生不利影响的可能性。“一带一路”

---

① 《靴子终于落下：美联储宣布加息》，《经济导刊》，2017年第1期。

沿线国家大都为高腐败、高政治风险、低法治水平的国家。有学者使用全球腐败指数（CPI）、国际国家风险指南（ICRG）、全球治理指标（简称"Kaufmann 指标"）3 个指标分别衡量"一带一路"沿线国家的政府腐败水平、政治风险和法制风险。研究发现，"一带一路"沿线国家的 CPI 均值（39.6）低于世界均值（43）；ICRG 数据库中包含的沿线 48 个国家中，38% 的国家处于高政治风险水平；沿线国家法制水平平均得分（-0.21）也低于世界平均水平（-0.01）①。总体来看，"一带一路"沿线国家具有较高的政治风险：西亚和中东地区的政治风险已进入高发期，各国受国际油价长期走低的影响地缘政治风险加剧，伊朗国内腐败严重，与西方国家长期对立，政治风险较高；欧洲地区的比利时、土耳其等国家受政党斗争、宗教冲突的影响政治风险较高；中亚部分国家政治权利高度集中，民主化进程缓慢，国内政治腐败，黑恶势力大行其道，宗教极端势力影响不断；东盟国家中，缅甸政治不稳定因素增多，越南暴力抗议的因素依然存在；非洲国家中埃及、肯尼亚国内政权斗争持续不断，政治风险依然较高。

此外，"一带一路"沿线国家大都为实行两党制或者多党制的国家，部分国家党派之间的执政观念和国家发展战略存在较大分歧，执政党和反对党之间存在严重对立，甚至会激发战争等极端不安定武装冲突，执政党的执政地位受到严重威胁。当这些国家经历政权变动时，会威胁该国国家战略和经济政策的延续性，新政府可能会否定前任政府执政期间制定和签署的国家间合作项目。部分国家由于政党执政时间的短暂性，导致许多经济政策的制订具有短视性和盲目性。这成为"一带一路"倡议有效布局的极大的不稳定因素，进而使信用风险发生的可能性大大增加。

当今世界，强权政治的影响依然存在，尤其是各方势力在中东地区

---

① 李晓敏、李春梅：《"一带一路"沿线国家的制度风险与中国企业"走出去"的经济逻辑》，《当代经济管理》，2016 年第 3 期。

的斡旋使得国际关系瞬息万变。“一带一路”沿线国家政局或政权的变动会对信用风险产生深远的影响。例如，利比亚在卡扎菲执政时十分珍视与中国发展友好关系，中国将利比亚作为发展与非洲国家经贸合作和友好关系的先头堡，中国在利比亚进行了大量的基础设施建设和石油资源开采活动。但利比亚内战的爆发使得卡扎菲政府倒台，战争导致中国在利比亚的大量投资和基础设施建设遭受破坏，仅直接经济损失就约达188亿美元。

---

4. 安全风险

沿线国家的安全状况也对信用风险产生深远的影响。“一带一路”覆盖西亚、中东等地区，这些地区是政治动荡、冲突频发的地区。民族、宗教问题长期难以调和，战争、恐怖主义与极端主义长期在此激荡，为中国“一带一路”倡议在这些地区的推进带来巨大的阻碍。

地区安全因素包括传统安全因素与非传统安全因素。传统安全因素，是指国家间军事冲突和政治、外交等方面的安全问题。近年来，在中亚和中东地区，阿富汗战争、伊拉克战争和叙利亚内战接二连三，持续不断；印巴冲突、巴以冲突始终难以得到调和；宗教问题突出，逊尼派和什叶派持续角力。这些地区是世界主要的产油区，欧佩克石油组织成员国大都集中于这些地区。这些不安全因素严重影响石油的安全生产，导致国际油价大幅动荡，扰乱国际市场。非传统安全因素，是指恐怖主义、走私贩毒、病毒蔓延、难民问题、自然灾害等。中东地区是世界的火药桶，世界上所有类型的冲突和争端几乎都能在这一地区被找到，长期存在的库尔德民族问题在几大战争的刺激下激化出极端恐怖组织ISIS；塔利班组织在阿富汗控制的地区种植大量罂粟谋求暴利，全球大部分鸦片来自这一地区；活跃在亚丁湾海域的索马里海盗对本地区航线安全造成极大的威胁；叙利亚难民问题已经严重影响到周边国家和地区的正常生产和生活；“海上丝绸之路”沿线支点国家遭受自然灾害影响的频率较高。据统计，仅在环太平洋沿岸地区，就有活火山512座，占全球活火山总数的80%，而世界上90%的地震以及82%的最强级别地震都在这一地区发生。沿线国家也是世界上传染流行疫情的高发区。据世界卫生组织统计，近十年来，全球爆发的十大流行疫情中，在沿线地区出现了6种[①]。

这些传统安全因素和非传统安全因素使这些地区缺乏安全的投资环境和生活环境。企业到这些地区投资面临巨大的安全威胁和损失的风险，这对中国“一带一路”倡议“陆上丝绸之路”的有效布局产生巨大的阻碍。假若沿线国家爆发战争冲突，致使“一带一路”倡议建造的基础设施遭受严重损坏，这些损失应该由谁来赔偿?

（二）微观信用风险

微观信用风险主要从企业的视角分析，主要包括：决策管理风险、不良投资思维风险、制度风险以及其他风险。

1. 决策管理风险

企业的决策管理风险，是指企业在对外投资运作的过程中，公司治理结构不完善和经营管理失位造成的风险。

首先，中国企业在国内投资时会有相关政策的支持或者政府和有关部门的配合，所以国内企业普遍缺乏对风险的预测和相应的防范措施。在进行境外投资时情况更为复杂，也会缺乏东道国政府积极有效的帮扶，同时中国企业大都缺乏境外投资经验，如果不未雨绸缪做好投资的风险研究工作，

---

① 米军：《当前俄罗斯银行体系发展战略评析》，《东北亚论坛》，2009年第1期。

合理地评估风险报酬比、分析投资可行性，而是忽视风险的存在盲目投资，最终很可能遭受严重损失。

中国铝业收购铝业巨头力拓公司失败就是一个很好的案例。2008 年金融危机之后，中国企业掀起了海外并购的热潮。经济危机后国际铝价大跌，力拓公司由于前期溢价收购加拿大铝业而背负 387 亿美元的债务，这使 2008 年以 140 亿美元收购力拓 9% 股份的中国铝业遭受巨亏，为帮助力拓铝业走出困境，中国铝业宣布以 195 亿美元增持力拓 9% 的股份。然而就在合约即将达成的前期，力拓公司突然倒戈决定与澳大利亚必和必拓铝业公司合并组建合资公司。这一信用违约事件给中国铝业造成了巨大的损失。

其次，中国企业在“一带一路”倡议沿线国家主要发展基础设施建设和能源、资源开发项目，必然面临资金融通问题。一方面，由于对境外投资项目的评估较难进行，国内银行普遍不愿放贷；另一方面，东道主国家金融体系不发达，几乎不可能为项目筹资。筹融资难会阻碍企业现金流的正常运作，危害企业抵御风险的能力，使信用风险上升。

再次，部分中国企业公司治理结构不完善，依然存在政企不分、权责不明、管理不科学的问题，使得这些企业在实施跨国并购的过程中，被一些国家质疑投资的目的，甚至对正常的收购计划设置层层障碍。2010 年，美国政府担心华为投资控股有限公司（以下简称“华为”）会获得国际网路控制权而拒绝华为竞购摩托罗拉项目；2012 年，奥巴马签署行政命令，拒绝中国三一重工集团在美国建设 4 家风力发电厂，美国政府认为这有损美国国家安全。

最后，在“一带一路”倡议下中国企业“走出去”，不仅需要资金、技术和管理，更需要高素质的人才驱动。中国企业在海外投资是一项跨国投资，比国内投资更加复杂，需要既对国内的经营管理十分熟稔又通晓国外的法律和政策的高素质经营管理人才。当前许多国内企业由于不熟悉国际投资规则、不了解东道国的相关法律法规而受到处罚，承受风险。

2. 不良投资思维风险

中国企业在“走出去”的过程中会存在思维惯性，将国内的经营思维运用到对外投资中。但东道国与中国在经济环境、市场条件、法律法规等方面存在较大差异，一味照搬国内的投资经营模式可能会引发更大的风险。有些企业甚至将一些不良的商业运作模式也运用到国外的经贸合作中，这不仅破坏了公平竞争的经贸环境，而且在一定程度上也抹黑了中国企业的形象，给其他国家民众留下不良的印象，加大了信用风险发生的可能，给“一带一路”倡议在沿线国家的合理布局增添了障碍。

例如，寻租、官商勾结。在备受关注的墨西哥高铁项目中，由中国铁建牵头的国际联合体在墨西哥高铁的建设项目中中标。但经当地记者报道，在该项目的招标过程中存在中标单位向总统及总统家人行贿的行为。这一事件在墨西哥引起轩然大波而备受民众的谴责。最终墨总统不堪舆论的压力而终止了该项目，这在一定程度上阻碍了中国高铁“走出去”的进程。

此外，由于国内投资的惯性，中国企业在对外投资的过程中非常重视与东道国政府发展上层关系，而不注重与东道国的其他党派、工会、民间组织及社区发展友好关系。这使得中国企业在东道国缺少底层民众的理解和支持，而“一带一路”沿线部分国家政权变动频繁、政府行政力度不足，政府和民众的关系紧张。一旦发生政局动荡和不良社会舆论风波，很可能引发信用风险。例如，中远集团（COSCO）私有化希腊第一大港口——比雷埃夫斯港口的投资过程可谓一波三折。2014 年，中远集团开始私有化该港口，但 2015 年希腊经历了政权变动，由于中远集团之前并未与新政府进行有效沟通，新政府上台后终止了该项目。致使中远集团已投入的资金面临损失的风险。之后，中远公司和中国政府与希腊政府积极沟通谈判，最终促使该项目在 2016 年重启，但也使港口无法按原定计划完成私有化。

再者，在境内投资时，我国许多企业受粗放型经济发展模式的影响，没有环保意识和可持续发展理念。中国企业在沿线国家投资时，如果不重视环保理念和污染防治，很容易引起当地民众的反对和谴责。例如，中国在墨西哥坎昆城建立中资商城的项目——坎昆龙城，由于墨西哥政府认为该项目会对周边生态环境造成破坏而叫停。中国在沿线国家有许多能源、资源项目，这些项目极易造成环境污染和生态环境不可逆的破坏，从而极易被当地民众误解为中国企业在攫取当地的资源。因此，这些项目在东道国很容易遭到舆论的谴责和民众的反对而增加企业面临的信用风险。例如，中国在缅甸的莱比塘铜矿项目，由于民间和环保部门认为该项目会破坏环境、掠夺当地资源而被多次叫停，这与当前提倡的“绿色丝绸之路”的目标不相一致。

3. 制度风险

在“一带一路”倡议下，中国企业面临的制度风险主要是当前风险评级制度、信用保险制度以及对外投资法律保障制度等方面的风险。

中国企业发展对外投资，尤其是中小企业由于自身实力有限，无法自主建立相关对国外地区的风险评级机制，在“走出去”的过程中处于信息不对称中的预测。当前国际上主流的风险评级机构有标普、穆迪和惠誉三家机构，这三家机构总部都位于英、美等发达国家。由于意识形态和经济制度的不一致，其对新兴发展中国家的评级相对较低。同时，这些机构运用的评级方法对发展中国家难以完美适用。因此，对许多发展中国家的信用评级很难做到客观。虽然中国推出了自己的评级机构——大公国际信用评级，但由于成立时间较晚、评级历史经验较少，在国际上还没有得到广泛认同。评级服务的缺位使得很多企业在对外投资过程中面对严重的信息不对称问题，难以得到及时、有效的信息进行相应的风险评估，加大了其面临的信用风险。

出口信用保险是以国家财政为后盾，支持本国企业开展出口贸易、海外投资和对外承包工程的重要金融工具①。主要功能就是为企业在海外经营中，由于海外买方破产、拖欠，发生战争、暴乱、主权国家违约、汇兑限制等原因造成的信用风险提供保障，弥补企业的收汇损失；主要作用就是为企业提供收汇保障、风险管理和融资支持，帮助企业提高抵御国际市场风险的能力，增强开拓国际市场的主动性和竞争力。

但是，当前中国的出口信用保险制度还不完善，出口担保机构较少，难以满足大量企业的信保需求。1988 年，中国第一家提供出口信用保险服务的公司——中国人民保险公司建立；1992 年，中国人民保险公司与中国进出口开发银行共同办理出口信用保险业务；2001 年，中国出口信用保险公司成立；2013 年，政府允许有实力的商业保险公司开放短期出口信用担保业务。目前，已有中国人民保险集团股份有限公司、中国太平洋保险（集团）股份有限公司、中国平安保险（集团）股份有限公司、中国大地财产保险股份有限公司 4 家商业保险公司参与到出口信用担保中，由最初的政策性担保逐渐向政策性担保和商业性担保共同开展的

① 徐海燕：《出口信用保险的“中国式”困局》，《中外企业家》，2006 年第 2 期。

营业模式转变。中国当前尚未有一套关于海外投资的立法，导致中国的出口信保公司实务操作缺乏规范性。另外，中国信保公司的保险基金规模较小、保费相对较高，其承保业务主要以政策性信用保险为主，商业信用保险的份额较少。此外，当前中国信保的承包方式单一，主要以“统保”为主，保险以短期为主，中长期保险较少①。当前中国出口信保行业的特点使得大多数中小企业无力接受出口信保服务，增加了中国企业对外投资时面临的信用风险。

中国企业在对外投资的过程中还面临着国内外的法律保障不足的风险。首先，国内没有配套的保障企业境外投资的法律法规；其次，在对外投资中，有些东道国法律制度不完善、执行力度不足，无法保证中国企业在海外的合法权益。近年来，乌兹别克斯坦投资环境恶劣，屡屡发生中国企业在乌兹别克斯坦遭受信用违约，投资无法收回的事件。例如，中国企业在乌兹别克斯坦与当地企业或个人签订合同条款后，对方未必按条款要求执行合约。如果没有通过乌兹别克斯坦外经贸部审批、不出台相应的“总统令”予以加固，任何贸易、合同都不受保障。可见世界上几乎不存在通用的规则。因此，在推进“一带一路”倡议过程中，要因地适宜的采取不同的策略，做到一国一策，妥善在不同地区合理布局，最大限度发挥不同地区的比较优势，将信用风险发生的可能性降到最低。

4. 其他微观信用风险

中国企业在沿线国家进行投资时所面临的一些业务操作的不当，也会诱发信用风险。例如，银行保函和合同背书不

---

① 郭静：《我国企业利用出口信用保险开拓“一带一路”新兴市场研究》，《经济论坛》，2015 年第 9 期。

当可能诱发信用风险。

银行保函是银行作为担保人应申请人的要求向受益人做出的一种款项支付承诺，并由担保人所做出书面信誉承诺，在一定期限内，若被担保人未履行相应的义务银行会承担一定付款责任①。在“一带一路”倡议中，基础设施建设和资源、能源开发利用等建设承包项目，由于建设周期长、资金需求大，项目中的不确定因素多，大都需要银行保函确保项目的顺利完成。如果担保银行所出具的保函内容不规范，相关担保条款未按照统一的规则出具、措辞模糊，这些都会使保函的法律效力大打折扣，无法作为有效的还款保障措施。另外，有些企业为了竞标拿下项目，为东道国的相关项目方出具无条件保函或见索即付保函。这一行为虽然展现了中国企业的信用，但如果项目所在地区发生战争、自然灾害等无法预料的不可抗力导致项目无法按时保质完成，当合同方向企业和银行提出索赔要求，会使企业面临更大的信用风险。

合同变更不完善所造成的信用风险。一方面，商务合同的变更可能会影响到相关的付款项，尤其是在大型项目的工程合同上，由于工程需要几个工期才能完成，因此各工期之间的合同有很大的关联性。当项目进行遇到障碍，合同双方达成一致需要修改合同时，如果未变更后续相关合同条款，可能导致项目在后续推进过程中出现财务纠纷，使企业面临违约风险。另一方面，“一带一路”沿线部分国家未加入世界贸易组织，其在国际贸易中受到的限制较少，其企业经营活动方式更加灵活多变，而中国企业由于受贸易框架的限制，体制机制较为僵硬，致使企业抗风险能力较为脆弱。

此外，沿线部分国家经营便利化条件不足，存在制约境

① 郭红军：《对外承包工程企业银行保函及其管理》，《国际商务财会》，2011 年第 7 期。

外投资顺利发展的相关机制。例如，波兰对外国人员的签证办理程序复杂，所需时间较长。在办理波兰签证时，首先需要在波兰驻华使馆的网站上进行预约，在预约后需要1~2个月才能递交签证申请材料，这在一定程度上制约了投资者及时有效地处理商业突发情况，影响投资者的商务活动。

中国“一带一路”倡议涉及国家多，沿线国家政治、经济的不稳定，民族、宗教、文化的多样性和生态的脆弱性等在当前世界大国关系的激荡下存在诸多可能引发信用风险、阻碍投资项目顺利推进的因素。有些因素由于不可抗力的影响无法避免，这就需要企业事先做好风险应对预案；有些因素却可以通过科学合理的方法有效地规避和缓释，这就要求企业做好投资前的分析调查以及相应的风险规避措施，尽力将信用风险发生的可能性降到最低。当前，由于企业、国家或国际社会的种种机制体制障碍和影响投资、贸易的种种因素，导致“一带一路”倡议中的诸多项目都面临巨大的信用违约风险。

第二节 “一带一路”沿线中的信用风险案例

在“一带一路”沿线的对外经济活动中，中国的众多项目都面临着信用风险。下面，我们在大量的信用风险项目中遴选一些典型的案例加以分析，以阐明信用风险的危害。

一、“海上丝路”信用风险案例——斯里兰卡海港城项目

斯里兰卡位于南亚次大陆，地处印度洋东北部，连接印度洋和西太平洋，是世界上最繁忙的航运枢纽之一，地理位置十分重要，素有“海上十字路口”之称。2014 年 9 月，中国国家主席习近平出访斯里兰卡期间，中斯双方签署了斯里兰卡科伦坡港口城项目协议。该协议是由中国交通建设股份有限公司（以下简称“中国交建”）与斯里兰卡港务局合作开发的综合类大型投资开发项目，包含填海造陆、金融服务、房地产开发为一体，旨在建造一个有高尔夫球场、酒店、购物中心、水上运动区、公寓、游艇码头等在内的港口城。科伦坡港口城项目是目前斯里兰卡最大的外商投资项目。据中国港湾有限公司资料显示，该项目计划 3 年内填海造陆 2.76 平方千米，项目完成后港口城的 1.08 平方千米归中国交建所有。其中，0.2 平方千米为中方享有永久使用权。项目直接投资 14 亿美元，将带动二级开发投资 130 亿美元，创造超过 8.3 万个就业机会①。

斯里兰卡自 2009 年独立后，提出了国家振兴发展的“马欣达愿景”，力图把斯里兰卡打造成海事中心、能源中心、商业中心、旅游中心和知识中心。中国提出的“一带一路”倡议与此不谋而合，符合两国共同的发展期望。科伦坡港口城项目是中国“一带一路”倡议中“海上丝绸之路”的重要支点项目，对于带动斯里兰卡经济发展、保障

---

① 唐鹏琪：《斯里兰卡科伦坡港口城市项目的现状与前景分析》，《南亚研究季刊》，2015 年第 4 期。

中国石油资源的运输有重要意义。

2015年年初，斯里兰卡经历了总统大选，之前亲中的拉贾帕克萨意外连任失败，新总统西里塞纳上台。新总统上台后，以该项目涉嫌规避当地法律和环保要求需要接受相关检查为由暂时叫停了该项目。此后，斯里兰卡政府又叫停了中国在科伦坡的豪华别墅项目。

这一项目被违约叫停的背后，存在着斯里兰卡国内政权的变动和区域内外大国强权政治的干预。

首先，前总统拉贾帕克萨作为这一印度洋岛国的传奇人物，带领斯里兰卡人民战胜泰米尔猛虎组织，结束内战实现国家统一，其在国内有着超高的政治影响力。而新任总统西里塞纳此前一直担任斯里兰卡卫生部长，也是拉贾帕克萨阵营中的一员，在任期间一直低调行事。其在大选期间意外倒戈进而竞选成功离不开背后印度、美国等大国的支持。

其次，印度作为南亚大国一直谋求印度洋霸主地位，长久以来通过各种方式对斯里兰卡的政治施加影响。内战期间，印度政府暗中资助反对派泰米尔猛虎组织，战后与欧美国家一道对战争期间存在的人权问题进行大肆批评，故前总统拉贾帕克萨上台后采取疏远印度、美国等国的政策。而中国在战后对斯里兰卡投入大量资金进行经济建设，例如汉班托塔港口项目，火力发电项目，铁路、高速路、机场等建设项目。目前，斯里兰卡有近70%的基础设施项目是由中国金融机构提供资金，由中国企业建造①。中斯之间关系不断得到稳固发展，中国海军在索马里、亚丁湾执行护航任务的军舰、潜艇曾多次停靠斯里兰卡港口进行补给。这严重刺痛

① 廖萌：《斯里兰卡参与共建海上丝绸之路的战略考虑及前景》，《亚太经济》，2015年第3期。

了印度的敏感神经，印度担忧中国在斯里兰卡部署军事力量对印度构成监视，因此暗地大力培养亲印度的斯里兰卡高官。

再次，美国为维护自己世界霸主和全球管理者的地位一直担心中国的崛起，因此当中国接纳斯里兰卡成为“海上丝绸之路”倡议的支点国时，美国担忧中国的势力范围会借此冲出亚太地区进一步影响美国的战略布局。美国在积极尝试接触新政府的同时又刻意冲淡中斯之间的友好关系。

最后，斯里兰卡也牵涉日本的利益布局，日本80%的原油需要从中东进口，因此斯里兰卡的区位优势对日本也显得极为重要，日方也不断向斯里兰卡提供经济援助，扩大双边贸易和投资。

长期以来中国一直恪守和平共处五项原则，不干涉他国内政。中国在斯里兰卡投资建设都是本着中斯两国合作共赢的原则出发，支援当地建设，促进中国企业的国际化水平。但印度、美国等国恶意揣测中国的意图，关于中美两国之间存在“修昔底德陷阱”的说法甚嚣尘上，一直歪曲中国的“21世纪海上丝绸之路”倡议是对所谓的“珍珠链战略”的掩盖，最终目的是建立海外军事基地以谋求世界霸权。因此，在这些强权大国的协助下，上任的斯里兰卡新政府在上任伊始就暂停了中国的科伦坡港口城项目，背后意图不言而喻。

斯里兰卡新总统上台以后，推行“平衡战略”，即主张中美印日等国在斯里兰卡的机会均等，同等发展对外关系，不走“一边倒”的外交策略。斯里兰卡作为小国，且处于世界航路的重要关口，势必会成为大国博弈的关键角力点，斯里兰卡当前政府的这一做法虽然能够最大限度地从各国获得利益，但必定会削弱之前中斯之间的亲密友好关系。

沿线国家这种政权的变动对“一带一路”倡议下项目的建设造成很大的信用违约风险，会使中国企业承受巨大的经济损失和战略调整开支。在斯里兰卡政府叫停科伦坡港口城项目之后，由中国交建评估获知，由于工程搁置造成该项目每天高达38万美元的损失。于是中国交建向斯里兰卡政府提出总额约1.4亿美元的赔款。斯里兰卡贸易疲软，主要出口红茶、橡胶等初级产品。在经济危机过后外贸逆差持续扩大，国外投资停滞，政府债台高筑，根本无力偿还巨额赔款。经中国交建和中国政府与斯里兰卡政府展开多轮磋商谈判之后，项目在停滞1年后重新复工。但由于印度方面的压力，斯里兰卡政府与中国签订了新的项目协议。中国交建放弃1.4亿美元赔款的索赔，作为补偿，中方将获得额外20000平方米的建设用地，使中国交建承建项目总占地面积达1.1平方千米。但其中原先协定的0.2平方千米永久使用权的土地改为99年租期的租赁权①。虽然项目在中国与斯里兰卡政府的谈判协调下重新开工，但新协议与之前协议所承诺的条款相比，中方仍遭受了较大的损失，且在斯里兰卡新政府管理项目之后，运营情况前景依旧不明朗。由于斯里兰卡政权的变更和新政府执政策略的转变，科伦坡港口城项目后续依旧面临着很大的信用违约风险。

在本案例中可以看出，“一带一路”倡议中的沿线小国，处在大国博弈的漩涡之中，难以拥有真正的自主权。政权的变动更是无法准确地得到预估，这使该国难以形成稳定有效的市场环境，其政府在处理对外关系时容易受到大国的影响，对外政策措施很可能朝令夕改。同时，由于经济的严

---

① 《中企放弃科伦坡港口城项目1.4亿美元停工索赔》，中华网，http://news.china.com/domestic/945/20160803/23208025.html。

重依赖性，国际收支往往产生逆差，经济容易受到冲击，主权信用也难以得到保障。因此，在中国与沿线国家的投资建设中要将更多的精力投入到研究东道国政权的稳定性和外国势力对东道国政治的渗透中去。如果未在事前做好充分的研究，未对东道国的政治走向有准确的把握，有可能会使中国巨额的投资石沉大海，遭受巨大的信用风险。

二、“陆上丝绸之路”信用风险案例——乌兹别克斯坦建立砖厂案例

“陆上丝绸之路经济带”涉及国家和地区较多，其中隐含的信用风险分布广泛。河北村民在乌兹别克斯坦成立砖厂的案例则是典型之一。

乌兹别克斯坦地处亚欧大陆的核心地带，是陆上交通的重要关口，是中西方文明交汇融合的地方之一，也是世界上仅有的两个双重内陆国之一，人口约 2700 万人，是“中亚五国”中人口最多的国家。由 130 多个民族组成，乌兹别克族占总人数的 78%。乌兹别克斯坦矿产资源丰富，主要支柱产业为“四金”，即黄金、黑金（石油）、白金（棉花）、蓝金（天然气），是世界第六大棉花生产国和第二大棉花出口国①。乌兹别克斯坦独立后，实行渐进式市场经济改革，工业体系比较齐全。同时，乌兹别克斯坦也是中亚地区最大的粮食（小麦）产区和果蔬种植园，主要向中亚地区出口粮食和果蔬。乌兹别克斯坦对“丝绸之路经济带”尤其是中亚铁路的建设有着重要意义。中亚铁路贯穿亚欧大陆，能

① 赵青松：《中国与乌兹别克斯坦经贸关系：历史、现状与前景》，《新疆财经》，2014 第 5 期。

够畅通亚欧两大洲经贸、货物的往来，沟通亚洲发展中国家和欧洲发达国家的合作交流，强化南北合作。

近年来，中乌两国的双边贸易额不断扩大，中国已成为乌兹别克斯坦第二大贸易伙伴和第一大投资国，中国在乌兹别克斯坦建立首个工业园区——鹏盛工业园区；中乌两国积极开展交通运输基础设施建设合作，实施“中—吉—乌”公路和铁路建设项目，帮助乌兹别克斯坦升级原有较为落后的基础设施。中乌两国开展能源合作，合作建设“中国—中亚”天然气管道建设项目。经济危机对乌兹别克斯坦经济造成的影响十分有限，危机前后，乌兹别克斯坦经济一直保持较高速增长，据统计，2007—2014 年，乌兹别克斯坦 GDP 平均增长率为 8.39%。但同时乌兹别克斯坦经济通货膨胀率较高，政府腐败较为严重，外汇贬值的风险较大[①]。中国一些民营企业在乌兹别克斯坦投资时面临着一些微观信用风险。

乌兹别克斯坦为刺激经济发展，积极引进外资，扩大经济的开放程度，加大对基础设施的投资建设力度。因此，建筑机械和建设所用生产资料需求量较大，而乌兹别克斯坦国内生产难以自给自足。中国许多企业嗅到商机，纷纷到乌兹别克斯坦成立砖瓦厂等建筑材料生产企业。

2007 年，河北省某村支书到乌兹别克斯坦考察，发现当地建筑用砖价格昂贵而同期国内的建筑用砖价格却相对低廉。巨大的利差让村支书发觉在乌兹别克斯坦投资设立砖瓦厂将有利可图，并计划将该项目作为带领村民脱贫致富的重要工程。因此，回国后该村支书马不停蹄地向村民介绍在乌兹别克斯坦建立砖厂的种种优势，大力发动村民募集资金出

① 赵青松：《中国与乌兹别克斯坦经贸关系：历史、现状与前景》，《新疆财经》，2014 第 5 期。

国投资设厂。在未详细考察投资方案，没有仔细评估投资风险的情况下，盲目募集资金200万元。

此后，该村支书带领村民在乌兹别克斯坦安集延州、塔什干市与一位乌兹别克族个体商人甲商定签约，成立两个合资砖厂，而乌方商人甲又将中方人员介绍给他在检察院工作的弟弟乙，声称乙为该项目具体合作人。而乙脾气暴躁，仗权欺人，在合资企业成立后动辄以“软禁”威胁中国工人，多次唆使自己的亲信到工厂闹事。2008年，乙因涉嫌绑架一名中国商人而被乌兹别克斯坦最高检察院下放至偏远的安集延州检察院。之后，乙又用种种手段把中方聘请的翻译人员支走，而合资砖厂的中方人员缺乏相关的企业经营管理经验，同时对乌兹别克斯坦当地法律法规十分陌生，乙通过诈骗“缴税”的方法蚕食合资企业资产（根据乌兹别克斯坦法律，合资企业3年免税），以各种借口拖欠中方劳工的工资、拒绝为中国工人办理延期居留并强行将中方人员驱赶回国。乙架空合资企业中方管理层，致使中方人员无法查看企业财务状况，合资企业财务状况从未经中方经理签字。同时乙私刻合资企业的公章，模仿中方经理签字，从合资企业账户上随意提款。除此之外，乙还唆使朋友诈骗合资企业资金开办小公司。在乙的威胁下，中方工作人员忍气吞声不敢寻求乌兹别克斯坦法律帮助，不断向乌兹别克斯坦合伙人乙妥协，出让合资企业15%的股权（使乙在未出资的情况下，股份比例从25%增至40%）。在中方的步步退让之下乙仍贪得无厌而故意设置圈套，指使公司会计将销售资金通过非银行渠道转账，制造中方工作人员偷税漏税的假象。致使中方人员违反乌兹别克斯坦法律而被驱逐出境，完全剥离合资企业中的中方人员从而独占砖厂。

不堪重负的中方人员在认清乌兹别克斯坦合资人的真面

目后向中国驻乌兹别克斯坦使馆寻求帮助，在中国使馆的干涉下，乌兹别克斯坦地方法院宣判中方胜诉。但败诉后的乌兹别克斯坦合伙人召集一批社会闲杂人员在工厂大打出手，对中方人员打击报复，导致中方人员严重受伤住院，造成极其恶劣的影响。中国驻乌兹别克斯坦大使馆再次向乌方提出严正交涉。

在本案例中，中方人员在投资前未进行详尽的调查，未对乌兹别克斯坦的投资环境及相关合资企业法律法规进行充分学习理解，对可能出现的信用风险认识不清，也未投保相应的出口信用保险。在缺乏经营管理经验的情况下，盲目投资，合资企业没有健全的公司治理结构和权力制约机制，公司的运作全靠乌兹别克斯坦合资人实行，致使企业面临极大的管理决策风险。

此外，中方人员在投资的过程中，受国内惯性思维影响，担心与当地人员或政府产生矛盾，对侵权行为过度纵容，不能及时坚决地与恶劣势力斗争，未能将不良事态遏制在前期。

再者，乌兹别克斯坦国内政府腐败严重，在 2009 年公布的全球清廉指数（CPI）中，乌兹别克斯坦在 180 个受评国家中排名第 174 位[①]。腐败严重制约了乌兹别克斯坦经济的发展和对外商投资的保护，乌兹别克斯坦国内政策不能充分保障外国投资者的合法权益。正如本案例中所示，其法律执行力度的不足会对受害人造成二次伤害。

另外，中国国内及国外制度的差异也体现在本案例中。中乌两国虽然同属大陆法系，但在合同责任制度方面有着较

① 赵青松：《中国与乌兹别克斯坦经贸关系：历史、现状与前景》，《新疆财经》，2014 第 5 期。

大差异。在中国合同经双方签署后就具有法律效力，法律可以依照合同条款保护合同双方的合法权益；而在乌兹别克斯坦的合同条例中关于违约金、抵押、留置、保证和定金等方面与中国有较大差异。例如，乌兹别克斯坦法律规定，不论主债务的形式如何，违约金必须采取书面的形式；而中国的《合同法》不论及违约金的从合同性，只将关于违约金的约定视为合同的一项明示条款，把法律直接规定的违约金作为合同的一项默示条款，他们都是合同的组成部分。如果不了解乌兹别克斯坦国内法律规范，一味按照国内的惯例与乌方签订合同可能会在之后的生产经营中产生较大争议。

所以在微观层面上，中国企业“走出去”，投入到“一带一路”倡议的投资建设中时，一定要客观如实分析投资项目的可行性，充分了解东道国相关政策以及与国内投资状况的差异，聘请有经验的经理人，完善公司治理结构，健全公司治理机制。加强权利意识，当遭遇违法侵害时，据理力争，及时有效地寻求使馆和法律的帮助。

专栏 3－2

巴基斯坦卡洛特水电站项目

中国在“一带一路”沿线国家投资过程中，由于存在种种微观和宏观风险，使投资项目面临的信用风险大大增加，很大程度上降低了项目成功实施的可能性。然而，鉴于中国与巴基斯坦的友好关系，中方在巴基斯坦开展“一带一路”项目较为顺利，很大程度上降低了投资的信用风险。巴基斯坦卡洛特水电站的建设就是一个成功案例。

巴基斯坦作为中国的“全天候战略合作伙伴”，是“一带一路”倡议重要的沿线支点国。从地理位置上讲，巴基斯坦位于南亚次大陆西北部，南邻阿拉伯海，扼守从非洲、欧洲经红海、波斯湾通往东亚、太平洋的海上交通要冲，距离全球石油运输最繁忙的霍尔木兹海峡仅有400

余千米，战略地位十分重要。同时，巴基斯坦是中国传统的友好邻邦，中巴人民之间有着深厚的友谊，“巴铁”关系推动中巴两国积极开展政治、经济、文化等多领域的合作，长期以来双方合作共赢取得了积极的成果。中国“一带一路”倡议甫一提出就得到巴基斯坦的积极响应，这一方面推动了“一带一路”倡议的有力实施，另一方面也为巴基斯坦的发展带来了机遇。

一直以来中国政府十分注重与巴基斯坦发展睦邻友好的合作伙伴关系，积极推动两国之间的合作。2013 年 5 月，李克强总理访问巴基斯坦时提出“中巴经济走廊”，双方达成在交通、能源、海洋等领域的合作。“中巴经济走廊”累计包含 30 多个项目，总投资额高达 320 亿美元；2015 年 4 月，习近平主席访问巴基斯坦，与巴基斯坦总理谢里夫共同宣布 5 项重大电力项目动工，并与巴方签署了 51 项协议和谅解备忘录，总投资额达 460 亿美元，相当于巴基斯坦过去所有外国投资总额的 8 倍。“一带一路”倡议实施以来，双方积极推动喀喇昆仑公路升级改造二期工程（塔科特至哈维连段）、瓜达尔港东湾快速路、新国际机场、卡拉奇至拉合尔高速公路（木尔坦至苏库尔段）、拉合尔轨道交通橙线、海尔—鲁巴经济区、中巴跨境光缆、在巴基斯坦实行地面数字电视传输标准等重点合作项目及一批基础设施和能源电力项目。其中，巴基斯坦卡洛特水电站是丝路基金成立后的首个投资项目，对“一带一路”倡议在巴基斯坦的推进具有积极的示范作用。

卡洛特水电站位于巴基斯坦北部印度河支流吉拉姆河流域，是吉拉姆河梯级水电开发的第四级，装机容量 72 万千瓦，是巴基斯坦第五大水电站。该项目总投资约 16.5 亿美元，采用“建设—经营—转让”（BOT）模式投资建设。于 2015 年年末开工建设，预计 2020 年投入使用，运营期为 30 年，到期后该项目无偿转让给巴基斯坦政府。该水电项目是“一带一路”首个水电大型投资建设项目，也是“中巴经济走廊”首个水电投资项目，由中国长江三峡集团公司（以下简称“三峡集团”）投资，长江勘测规划设计研究院（以下简称“长江设计院”）

设计，中国电建水电七局承建。从大坝选址、过程论证、项目审查，到设计优化、预算、评估等方面，三峡集团对巴基斯坦所有的水电开发项目进行全方位的审核把关，并对巴基斯坦境内的印度河、吉勒姆河两大流域的水电开发进行战略思考，提出长远开发方案。该项目总投资额为16.5亿美元，由丝路基金入股三峡集团控股的三峡南亚公司，为该项目提供资金支持。

卡洛特水电站项目作为“中巴经济走廊”优先发展项目，也是中国企业在海外投资在建的最大绿地水电项目。该水电项目是继中国高铁“走出去”之后，又一中国成熟产业——水电产业向海外的推广。三峡集团在开发建设卡洛特项目过程中，始终秉持“建好一座电站，带动一方经济，改善一片环境，造福一方移民”的“四个一”开发理念，经济效益、社会效益和生态效益并举，项目建设期预计可为当地提供2000多个直接就业岗位，同时将大大带动当地电力配套行业的协调发展和产业升级。该水电站规划装机容量72万千瓦，年发电32.13亿度，将极大缓解巴基斯坦电力紧张的局面，带动巴基斯坦地方经济的发展。

卡洛特水电站项目有效地降低了项目面临的信用风险，其成功实施离不开以下3个方面。

第一，中巴之间“全天候战略合作伙伴”关系为项目实施创造了积极、稳定的营商环境。在两国政府的大力推动下，上至两国领导层，下至民间群体积极进行交流合作。因此，两国的经贸、文化共识较多。此外，中国企业在巴基斯坦开展经营也得到了巴基斯坦政府的大力支持，为顺滑项目运作流程起到了积极的作用。中国企业在巴基斯坦投资过程中为地方基础设施建设不遗余力贡献力量，得到了当地政府和民众的认可，为水电站项目建设营造了健康、安全的环境。

第二，水电站项目的建设契合巴方发展规范，能为两国带来合作共赢。据统计，2010年巴基斯坦的电力缺口达600万千瓦左右。受此影响，巴基斯坦停电频繁，严重影响了巴基斯坦人民的正常生活和生产。根据《巴基斯坦电力需求预测2011—2035》公布的数据显示，按中等发展水平预测，2015年巴基斯坦全国最大用电负荷为2941万千瓦，全社会需电量为1832.67亿千瓦时；2020年巴基斯坦全国最大用电负荷为4539万千瓦，全社会需电量达到2796.53亿千瓦时；2025年巴基斯坦全国最大用电负荷6873万千瓦，全社会需电量达到4181.94亿千瓦时。因此，在未来一段时间内巴基斯坦国内用电缺口仍旧较大，巴方政府也提出优先发展电力的规划。三峡集团承建卡洛特水电站项目恰逢其需，巴基斯坦政府为水电站项目的建设开绿灯，有效降低了海外投资过程中面临的信用风险。

第三，三峡集团水电建设、运营的成熟经验为项目成功开展提供了保障。中国是水电大国，水电站建设项目众多，而三峡集团作为中国水电建设的龙头企业，其技术、经营管理优势明显，是全球水电企业的佼佼者，雄厚的技术和资本实力为中国水电“走出去”提供了坚实的支撑。虽然巴基斯坦拥有丰富的水电等清洁能源资源和迫切的市场需求，但电力行业发展相对滞后，急需开展海外合作加快电力行业的投资建设步伐。三峡集团的技术优势为卡洛特水电站的顺利实施提供了保障，在一定程度上降低了项目可能遭受的信用风险。

从上述案例可以看出，在“一带一路”倡议的推进过程中，不论是在国际宏观层面还是在企业微观层面都存在种种诱发信用风险的因素。有些因素具有突发性和不确定性，例如，斯里兰卡海港城案例中国家政权的意外变更；有些因素可以通过事前调查有效规避，例如，河北村民在乌兹别克斯坦建立砖厂的案例中，中方人员如果做好事前评估和对合伙人资质的详尽考察就可能避免投资失败。因此，中国企业在对“一带一路”沿线国家的投资过程中不能被面前的利益蒙蔽双眼，要注重对投资过程中的风险进行考量，既要放眼于当前的国际环境和东道国政治、安全局势，又要优化自身投资策略，积极发掘人才，熟悉东道国投资环境和相关投

资法律法规，合理评估风险的损失和自身的承受能力，尽最大可能规避信用风险。

第三节 “一带一路”沿线的信用风险对策

中国企业在“一带一路”倡议中面临的信用风险是多方面的，因此需要参与者注意多方面的因素，通过多种措施减少投资过程中的信用风险。针对本章前两节提出的在“一带一路”沿线中影响信用风险的因素，以下相对应地从宏观和微观两个角度提出应对信用风险的对策。

一、宏观对策

（一）健全主权信用评价体系，促进本土评级机构的发展

主权信用评级是为了向投资者预警和揭示主权国家未来可能面临的信用风险，指导投资者做出“逆周期”的投资决策以规避和减少风险。目前，世界公认的主权信用评级为国际三大评级机构，但出于意识形态和市场环境的不同，三大评级机构的评级结果未必客观公正，评级机构对母国或与母国政治、经济、文化关系密切的国家给予优惠待遇，而对一些发展中国家存在歧视，评级较低。例如，希腊债务危机爆发之前，三大评级机构对欧洲的金融衰败反应过慢，不顾其发展情况一味提升主权信用至 A 级之上，而在债务危机

爆发后，评级机构又对希腊等欧洲国家的主权信用做出迅猛的下调，致使国际借贷成本上升，从而导致欧债危机的全面爆发①。因此，国际三大机构的评级结果未必可以作为中国企业在沿线国家投资时对东道国的主权信用考量的标准。当前最重要的是建立立足于中国国情与沿线国家的经济发展阶段和特点的本土主权信用评级机构。

经过多年发展，目前中国本土规模较大的信用评级机构仅有大公国际信用评级有限公司、中诚信国际信用评级有限公司等几家。本土的评级机构在进行主权信用评级时不以意识形态和政治体制为标准，其评级模式与国际三大评级机构存在较大差异，对一些经济状态良好，增长潜力明朗的新兴经济体评级明显高于三大机构，而对于一些增长动力不足、外债负担严重的发达国家评级较低。这种客观的评级更适合作为中国企业评估对外投资风险的参考标准，能够满足中国“一带一路”倡议的需要。

当前中国本土的信用评级机构依然存在一些问题制约着国内主权信用评级的发展。主权信用评级主要以一国发行债券后的偿债能力作为评级依据，但当前中国债券市场的发展滞后，需要评定的流通债券的品种较少，致使中国信用评级的发展缓慢。中国信用评级最早出现在20世纪80年代，但当时的信用评级机构具有浓重的计划经济色彩。20世纪90年代，中国国内信用评级经历了多次整顿，逐渐向市场化、独立化方向发展。但中国债券的发行实行审批制，债券发行市场化程度不高，致使中国本土评级机构生存困难，对市场的影响力较小，国内的评级市场长期被国际三大机构垄断。

① 彭秀坤：《“一带一路”下防范主权信用评级风险的法律对策研究》，《财经理论与实践》，2016年第1期。

因此，中国本土的信用评级机构由于规模及自身发展的问题在国际上缺乏话语权与竞争力，难以对国际信用市场产生较大的影响力。例如，在美国国会通过了提高债务上限的决议后，大公国际下调对美国的主权信用评级，展望为负，但这一举动对国际金融市场几乎未产生任何影响。

因此，当前最重要的是将本土的信用评级机构做强做大，加大对资本市场尤其是证券市场的开放程度，加强对本土信用评级机构的扶植力度。严格恪守评级机构应遵循的公正原则，建立符合中国特色的评级制度。中国可以适当向国外发达国家学习，建立“双评级”的信用评级规则，通过国际评级机构的带动，帮助中国本土评级机构建立符合国情和自身实际的公正评级标准，引导本土评级机构向中国“一带一路”倡议沿线国家的主权信用评级倾斜，运用国家力量或通过与国外机构合作来帮助评级机构获取更多经济资源信息，着力解决评级过程中出现的信息不对称问题。

（二）加强国家间政府交流，建立贸易双边机制

“一带一路”倡议是一张宏大的蓝图，需要各国政府的共同支持和努力，政府间的认可和支持能够带动相关社会资本的参与，从而极大地促进该倡议在沿线国家的推进。同时，政府间高层的积极互动会大幅度降低国家间开展经贸活动时出现违约的可能，降低企业投资时面临的政治风险和信用风险。例如，中国在斯里兰卡投资科伦坡港口城的项目中，正是由于中斯两国政府间的友好关系才使该项目得以落实开展，同时也正是由于中国与斯里兰卡新任政府之间缺乏良性沟通才导致该项目被搁置。

中国奉行“不结盟”的外交准则，应本着互利共赢的态度与沿线国家发展伙伴关系。当前，中国应加强与沿线国

家的双边、多边、区域和次区域合作，开展多层次、多渠道的沟通磋商，推动双边关系的全面发展；推动签署合作备忘录或合作规划，建设一批双边合作示范；研究推进“一带一路”倡议的实施方案、行动路线图，充分发挥双边机制作用，协调推进合作项目实施。目前，中国已经参与的双边及多边合作机制有：中俄财长对话、中欧财金对话、上海合作组织、亚太经合组织、中国—东盟“10+1”、亚信会议、中阿合作论坛、大湄公河次区域经济合作组织等。虽然中国在开展双边、多边交往的舞台上硕果累累，但在“一带一路”沿线国家中依旧存在一些国家未与中国建立双边、多边合作机制，对这些国家进行投资仍具有很多不便利性。因此，中国须加快与沿线国家建立伙伴关系，开展更深层次的双边、多边关系。提高区域金融合作水平，加强各国之间的金融联系，进行整体统筹和长远规划，构建以开放金融为主，覆盖多层次资本市场的投融资体系，拓展和丰富投融资渠道，创新投融资模式，推动企业走出去。同时，中国应该更多地举办国际博览会或文化交流年，更多地向世界展示中国的良好形象，增进中外人民的友谊和信任。此外，中国须更加积极地推广建立国家领导人定期会晤机制，增进国家之间的政治了解和互信。例如，已建立的中俄两国总理定期会晤机制，中印（印度尼西亚）总理定期会晤机制就效果显著。

（三）优化出口信用保险制度

在对外投资过程中有些信用风险难以规避，这时候就需要出口信用保险作为最后的保障来降低企业可能遭受的损失。出口信用保险以政府财政为对外投资企业进行担保，保障投资者的资金能够正常收回。相对于发达国家，中国的出口信用保险成立时间较晚，相关险种和制度还不规范。目前，中国能够开展出口信用保险业务的企业数量较少，仅有中国信保1家政策性保险公司和中国太保、中国人保、大地财险和平安财险4家商业性保险公司。中国出口信用保险的发展仍处在较低水平，政策性业务和商业性业务混为一体且分配不均，政策性业务占据较大份额而商业性业务仅仅占据少量份额。保险业务也存在很大的结构不合理性，从承保国家来看，对风险较低的国家保险限额分配较高而对高风险的欠发达国家保险配额分配较少。例如，中国信保对伊拉克的保险额度仅有1000美元。另外，当前中国出口信用保险的业务品种较少、承保方式单一，保费厘定不合理，致使企业投保比例较少。据统计，我国目前出口商品的投保率仅有6%，远低于国外12%～15%的比例[①]。优化我国出口信用保险制度，须从以下6个方面入手。

一是要加大对出口信用保险的扶持力度，健全有关出口信用保险的法律保障，制定境外投资法、境外投资保险制度等相关法律，加强对企业境外投资的保护力度。“一带一路”以交通基础设施建设和能源、资源开发项目为突破口，这些项目普遍采用BOT或PPP模式，资金投入大、回收期长，大多数需要政策性保险的担保。因此，国家财政要加大对政策性出口信用保险的财政补贴力度。

二是要加强出口信用保险市场的开放力度，引入更多实力雄厚、经营状况良好的商业保险公司开展出口信用保险业务。通过市场化运作，由商业保险公司通过竞争自负盈亏、自主经营。鼓励相关保险公司加大对出口信用保险业务的研究，加大投保范围、扩大险种种类。

---

① 徐海燕：《出口信用保险的“中国式”困局》，《中外企业家》，2006年第2期。

三是可以发展政策性保险承包政策型、大型对外投资项目，商业保险公司承担广大中小企业对外投资、出口商品保险的模式，通过商业性保险公司和政策性保险公司的良性互动弥补彼此之间的缺陷，强化对外投资信用保险的承保效率。

四是通过制定行业标准，科学厘定保险费率。当前，出口信用保险的费率较高，严重制约了企业对外投资时的参保力度。有学者认为，应该设置弹性保险费率，对于连续多年没有风险违约的企业可以适当降低其投保时的费率。发展均衡区域费率。“一带一路”沿线国家大都为风险水平较高的新兴发展中国家。因此，应加大对向这些国家进行投资的企业补助力度，适当降低保费或实行返还保费。

五是建立对外投资的信息披露机制。通过出口信保公司对“一带一路”沿线国家的保险、赔偿情况进行及时有效的反馈，建立沿线国家信用风险数据库和沿线国家企业或地区投资黑名单，向投资者及时发布相关理赔项目信息，最大可能在投资前为投资者扫清投资雷区，降低企业遭受信用违约的可能，减轻出口信用保险公司的资金和理赔压力。

六是应加强中国企业对外投资过程中的风险宣传教育，增强中国企业的风险意识，加强企业对出口保险的认识，鼓励中国企业通过参保出口信用保险降低企业将面临的信用风险。

通过以上措施健全中国的出口信用保险市场，充分发挥出口信用保险支持保障力度，降低企业在“一带一路”沿线国家对外投资过程中面临的信用风险，保障企业资金的流动性和生产经营的正常运转，为“一带一路”倡议的顺利推进保驾护航。

（四）加强对中国企业的保护，防范安全风险

“一带一路”沿线国家政治局势的不稳定、区域争端的频发以及流行疾病的蔓延对中国企业在该地区的投资建设埋下了巨大的安全隐患，威胁投资企业员工的生命安全和企业的资金安全。例如，伊拉克、利比亚等国家政府军和反政府武装的战争冲突对中国企业的财产、人身安全产生极大的威胁。如果仅仅依靠企业自身实力和正常贸易规则很难应对这种安全威胁，这就需要中国政府采取强有力的手段保障中国企业在海外的合法权益。

首先，中国作为联合国常任理事国之一，应该积极参与世界范围内的反恐、防暴任务，遵守《联合国宪章》准则，配合联合国在极端非安全国家派遣维和部队和医疗小组，保障当地居民和企业的生命、财产安全。例如，中国近年来派遣舰队参与亚丁湾护航，向阿富汗、伊拉克等地派遣维和部队，参与国际联合反恐军事演习，向非洲国家派遣医疗卫生组。

其次，中国奉行独立自主的和平外交方式，不干涉他国内政。因此，在“一带一路”沿线一些动荡的国家中，中国保持中立，但也要与东道国国内多个政治派别加强沟通，通过谈判将中国企业所在地划为非争端区或非战争区，保障中国企业在当地的安全。

最后，中国要做好对东道国不安定因素（战争、瘟疫）的预警机制和应急处理机制。例如，东道国战争爆发后，中国应积极加强侨民撤离工作，在危急时刻通过海陆空多种方式以及与周边国家的亲密外交关系，最大限度地保障海外中国民众的安全。

二、微观对策

（一）企业优化公司治理，加强人才培养

造成信用风险发生的宏观因素短时间内难以消除，因此作为“一带一路”倡议中的微观主体，企业应该从自身角度出发，优化公司结构和投资策略，减少诱发信用风险的微观因素。

首先，应该加强公司治理，建立现代企业制度。深化国有企业改革，加强股东大会、董事会、监事会和管理层的相互制约关系。公司决策层要严格按照公司章程，根据国际投资贸易的趋势结合本公司自身实际，合理决策公司是否参与到对外投资建设中去。不断加强对国际投资领域相关知识的学习，认真学习有关国家的法律法规和经济政策，遵守当地法律，避免投资损失。“一带一路”沿线国家在资源禀赋、产业政策和税收政策等方面有很大的不同，企业应该认真研究，避免盲目投资。加大对国际投资成功和失败案例的研究力度，积极借鉴发达国家对外投资的经验，在对外投资之前做出投资的可行性报告，建立有效的风险防范和管控机制。同时应加强国别风险分析，注意发挥企业的比较优势，避免在信息不充分的情况下盲目进行决策。

其次，注重人才培养。随着跨国公司的出现和经济全球化推动，资本在世界范围内自由移动，世界上各产业逐渐趋于利润平均化。当前，企业经济效率的提高更多地需要高素质的人才，掌握先进技术知识的人才已经成为企业赖以生存和发展的决定性力量。因此，企业在参与“一带一路”倡议的过程中要十分注意人才的发掘和积累。“一带一路”沿

线国家数量众多，政治、经济、文化、习俗等方面差异巨大，更需要多方面的专业人才参与到企业跨国投资的项目中来。一方面，企业要广纳贤才，积极招募对国际法和海外并购投资熟识的优秀人才；另一方面，企业要加强员工的培训学习，积极主动掌握东道国相关投资的法律法规，积极与中国使馆和当地政府沟通，扫清对外投资的制度障碍。

最后，因地适宜，克服投资惯性。每种投资方法和经营模式都有适合他们成长的独特经济环境。中国与沿线国家在经济体制、法律法规以及文化习俗等方面存在很大差异。因此，中国企业在东道国进行投资时，一定要克服国内投资的惯性，因地适宜地采用符合东道国国情的投资策略，努力了解东道国文化，研究当地经济习惯和投资风气，创新对外投资方法和策略。避免将国内存在的类似官商勾结、暗箱操作等恶习运用到东道国的投资建设中。

（二）融入当地社会，保护沿线环境

在中国企业与“一带一路”沿线国家合作开展基础设施建设和能源开发的过程中，由于中国与当地民众的文化认同和环保意识的不同而导致项目失败的案例不在少数。中国经济的粗放式发展模式使得一些企业在生产过程中不注意环保问题，而沿线国家尤其是非洲、西亚等沙漠、戈壁地区生态环境十分脆弱，一旦被破坏很难得到修复。在中国对外投资过程中受限于国内思维，不注重对当地社会的回报，这在很大程度上会引起当地民众的谴责。因此，中国企业在进行对外投资的过程中一定要注意承担社会责任，奉献当地社会。

首先，企业要注意学习了解和尊重当地的风俗传统和宗教习俗，避免企业因无心的举动触碰禁忌对当地民众造成伤

害。鼓励中方员工参与当地节日庆典中去，积极融入当地社会。通过举办中外文化交流活动等形式增进双方的文化交流。

其次，中国企业在沿线东道国开展属地经营，与当地企业开展合资经营，雇佣当地工人和管理人员。当地员工、管理人员更加熟悉东道国的法律法规和市场环境，更熟悉当地政府对企业经营的便利化措施。合资化经营更容易与当地民众结成利益共同体、责任共同体和命运共同体，能最大限度发挥东道国当地的基础设施和资源优势，有利于企业在当地发展壮大。此外，在条件允许的情况下，企业应尽可能多地雇佣当地员工，维护好与当地工会的关系，积极参与到企业所在地的社区服务和公益事业中，增进与东道国当地民众的亲密关系。例如，华为公司在印度班加罗尔的研发中心就雇用了1000多名印度员工，为当地提供了大量就业岗位，解决了当地居民的就业问题。通过这种方式使企业在当地有了一定的民众基础，从而更少地受到来自当地民众和舆论的恶意攻击，降低企业面临的信用风险。

最后，中国企业在当地经营的过程中要十分注意环境的保护和污染的防治。中国倡导的“一带一路”倡议并非将中国粗放的经济发展模式输入沿线国家，而是倡导一种可持续发展的“绿色丝绸之路”。“一带一路”沿线部分国家的生态环境形势严峻，“陆上丝绸之路”中中亚地区面临日益严重的土地荒漠化问题，而“海上丝绸之路”沿线国家面临全球气候变暖、生态环境恶化的问题。中国当前提倡“绿色金融”理念，因此要推动“一带一路”倡议同中国的“绿色金融”相结合，实现“一带一路”倡议在生态层次上为发展中国家提供有效保障。中国通过“一带一路”倡议输出的不仅是资本与技术，还有中国健康绿色的发展理念。

发展中国家面临工业化和全球产业转移过程中带来的生态破坏、环境污染等多种问题，中国企业将绿色发展理念融入“一带一路”的推进过程中，会起到润滑政策实施、畅通项目落地的作用。2015 年，中国农业银行在伦敦证券交易所发行了总价值 10 亿美元的首支中资绿色债券，主要募集资金致力于世界环保、治理环境污染和开发利用清洁能源等绿色项目①。该债券受到国际社会的高度认可和追捧，为中国企业“走出去”起到了良好的示范。中国企业在制定沿线投资策略时，要评估项目可能给当地民众和生态环境带来的不利影响，使投资项目不仅满足沿线国家当地民众短期的需要，而且要顾及该地区经济长期发展的要求。

（三）企业“抱团出海”

企业单兵作战开拓国外市场已经难以适应当前国际化趋势下的激烈竞争，在对沿线国家的投资过程中，相关企业可以抱团共同到东道国进行投资。抱团能够更好地发挥优势、扬长避短，使企业在整合资源的基础上“抱团出海”。这不仅仅是企业数量的加总，而是各种资源的抱团，具体来说就是把基础设施建设、资源开发、地区性投资基金与金融开发业务、对外援助和劳动密集型产业转移等有机整合起来，打好对外投资的“组合拳”②。这就需要一系列开拓性的政策协调与实施举措。

首先，央企带动中小企业“抱团出海”。央企体量巨大、资金雄厚，有着丰富的海外投资和经营经验，在国际市场有着相对较大的话语权。而中小企业实力较弱，对国外法

---

① 王文、曹明弟：《绿色金融与“一带一路”》，《中国金融》，2016 年第 16 期。

② 张银平：《抱团出海：中国企业“走出去”的必然选择》，《中国高新区》，2015 年第 11 期。

律、政策缺乏了解，投资经验匮乏。在“一带一路”倡议中，央企在沿线国家投资布局之后，一大批中小企业可以搭乘央企的便车在相关国家开展投资业务。央企一般与东道国政府关系密切，对当地政治、安全局势把握较为清晰，能够为中小企业提供较为便捷的投资帮助，助力中小企业在东道国安全开展相关投资、经营业务。

其次，产业链上下游企业“抱团出海”。产业链上下游企业在生产经营上有着较大的关联，上下游企业共同进行海外投资能够整合产业链优势，最大限度地利用东道国当地的生产基础设施，降低生产成本，从而提高整个产业链在当地的竞争力。同时由于产业链上下游企业都是中国企业，因此，能便利上下游企业之间的交流合作，便捷企业之间的金融财务往来，降低企业对外投资的信用风险。国内整条产业链的转移能保障企业生产产品的质量，提高企业的生产运作效率，确保“一带一路”基础设施建设和能源开发项目的高效开展。

最后，避免同行业竞争企业“抱团出海”。中国企业在对外投资时要发挥比较优势，提高中国产品在东道国的认可度和竞争力。在沿线国家进行投资时，要关注东道国相关产业的布局，避免中国企业在某一产业出现恶性竞争的状况。中国企业在国外的恶性竞争不仅会使竞争双方两败俱伤，而且会在当地产生不良的市场影响，损害中国企业在国际市场的竞争力。

“一带一路”倡议是一项宏大的工程，国际环境的变化会对该倡议的实施产生各种冲击，中国企业稍有不慎就可能面临巨大信用风险，从而蒙受损失。因此，中国企业在对“一带一路”沿线国家进行投资建设时要时刻防范各种信用风险，采取相应的应对策略积极防范，将信用风险发生的可能性降到最低，保障“一带一路”倡议的顺利推进。

第四章

“一带一路”沿线的其他经济风险及其防范对策

在推进“一带一路”倡议实施的过程中，除了会受到投资风险、信用风险的影响之外，经济领域还有其他经济风险同样应当引起我们的重视。其他经济风险主要包括由宏观经济环境变化带来的风险、金融风险、税务风险和汇率风险等[①]。这几类风险相互影响、互为因果。例如，宏观经济环境通常作为其他风险的“因”，

① 邹长胜、孙源：《“一带一路”视角下国际工程项目经济风险识别与防范——以哈萨克斯坦共和国为背景》，《前沿》，2015年第3期。

当宏观经济环境恶化时，往往会引起金融风险、汇率风险的发生；另外，汇率的剧烈波动也会诱发金融危机，产生金融风险，进而破坏经济环境等。自2008年金融危机以来，国际货币体系变得更加难以预测。加之美国新任总统唐纳德·特朗普上台后，美国实施了一系列抵制全球化、复苏美国经济的新政策，进而美元持续走强，这都将对国际汇率市场产生较为严重的影响。可以说，汇率风险已成为“一带一路”倡议合作中，政府和企业进行海外投资以及贸易合作的其他经济风险的最高层级。因此，本章着重论述和剖析汇率风险，通过“希腊主权债务危机引致欧元受挫”的案例，分析汇率风险产生的原因和造成的影响，并基于中国国情，从宏观和微观两个视角为中央政府和涉外企业提供抵御外汇风险的对策和建议。

第一节 “一带一路”沿线其他经济风险概述

第二章和第三章系统探讨了“一带一路”沿线的投资风险和信用风险，本章主要对“一带一路”沿线的其他经济风险加以概述。

一、宏观经济环境引发的风险

宏观经济环境作为众多经济元素的基本面，具有重要的地位。无论是金融、汇率还是税务等，都必须依托一个优良健康的宏观经济环境运作和发展。如果宏观经济环境不良好，将会存在各种风险隐患。所以，良好的宏观经济环境是各项经济活动开展和进行的重要保障，也是其他经济风险的“因”。通常情况下，以财政收支状况、国际贸易结构状况、经济发展水平等指标来判断一国或一个地区的整体经济环境。同时，宏观经济环境会受到政府宏观经济政策、国家法律、经济发展周期、政治局势等因素的影响。

在“一带一路”倡议实施中，不仅要求一国的宏观经济环境保持健康，更需要一个区域的宏观经济环境都适合各项经济活动的开展。所以，在与各国、各地区的经济战略相互对接时，应该全面考查其宏观经济环境以及相应的影响因素。串联在“北线”、“中线”和“南线”的每个国家和地区的经济发展和经济恢复状况都呈现出不同的特点，甚至差距很大。俄罗斯、西欧、日本、新加坡等已经是经济实力雄厚的发达国家和地区，其宏观经济环境更适宜投资、贸易活动的开展。但也正因为这些国家在许多方面实力雄厚，所以存在更大的竞争性，难以寻找到明显的比较优势，存在“后发劣势”的问题。同时，还要考虑这些国家设置的贸易壁垒；印度、韩国、哈萨克斯坦等国还处于发展中国家水平，这些国家经济发展较为良好，相应的经济风险较小；有的国家认为中国对其自身经济发展具有很大的竞争性和威胁性，选择将中国视为对手甚至敌人。所以，选择不友好的态度或拒绝合作，给建立友好合作关系制造了许多障碍。例如，韩国同意美国在其国土上部署“萨德”反导系统，给中国的安全带来了极大的威胁。因为“萨德”事件，中韩双方的经济关系也变得更加僵化，对中韩合作的经济项目产生了较为严重的影响。加之韩国总统被弹劾下台，政局不稳。所以目前来看，韩国的宏观经济环境并不适合中国企业的投资与合作；有的国家虽然也是发展中国家，但经济水平还属于中下等。例如，中亚地区除哈萨克斯坦以外的几个国家经济仍然处于落后水平。尽管这些国家的合作空间较大，但其经济制度发展不成熟，相关法律不完备，国内有效需求不足，所以在投资时要谨防这些因素带来的风险隐患。

如上所述，影响宏观经济环境的因素实为繁杂，很大程度上依赖于该国政府的经济战略和政策走向，难以把控。一旦发生问题，可谓牵一发而动全身，很容易诱发系统性风险。在实施“一带一路”倡议的过程中，要尽可能全面地考量东道国的宏观经济环境以及相关的影响因素，要有不同的侧重，差别对待，随机应变，尽量避免由于东道国宏观经济环境变化所带来的各类风险。

二、金融风险①

金融风险是指经济中不确定因素给融资活动带来损失的可能性，主要表现于金融机构的信用状况和稳定性、金融市场及相关要素的稳定状况等方面。随着2017年中华人民共和国人民代表大会和中国人民政治协商会议（以下简称“两会”）的召开，防控金融风险成为中国国内热议的主题。李克强总理在《2017年国务院政府工作报告》中也强调要对不良资产、债券违约、影子银行、互联网金融等积累的金融风险高度警惕，要筑牢各类风险的防火墙。这也意味着，金融风险的防控不仅在国内将居于更加重要的位置，而且在“一带一路”倡议中也扮演着同样重要的角色。一方面，因为金融服务和金融合作早已渗透到“一带一路”倡议的合

① 笔者将金融性汇率风险归为汇率风险，在此不加以讨论。

作中，主要集中于基础设施建设、产业合作和商品贸易等领域，而这些领域都是“一带一路”合作中的主要内容。可见金融涉及范围之广，影响之深；另一方面，“一带一路”方针是我国重要的外交策略，是中国与周边各国进行一系列政治、经济、文化等合作的主线。这意味着通过“一带一路”的合作，我国与各国的联系将更加紧密，随之带来的利益和风险也将具有连带效应，尤其像金融风险这类极易“传染”的风险，更值得我们警惕。

目前，中国各大金融机构乘着政策的东风都积极参与到“一带一路”的合作之中。其中，亚投行作为多边金融机构，在亚太落后地区的基础设施建设及其他生产性领域的投融资方面扮演着重要的角色，推动着区域之间的金融合作；丝路基金、国家开发银行、中国进出口银行等政策性金融机构以开发性金融的创新方式，为“一带一路”的投资建设提供有力的资金支持；各大商业银行积极在“一带一路”的节点国家、重要城市设立分支机构，在商品贸易融资，尤其是大宗商品贸易和国际清算中发挥着尤为重要的作用。与此同时，PPP 机制在“一带一路”框架下得到了推行，为国内的社会资本、各类金融机构开拓了更为便利、广阔的投资通道。

但由于“一带一路”倡议涉及范围广，国别差距大，中国的金融机构在参与“一带一路”建设过程中将会面临的金融风险也更为多变和复杂，除了要规避引起金融风险的常见因素外，还要关注各国政治体制、经济形势、国家法律、宗教文化等同样会引发金融风险的新要素。

专栏 4－1

引发金融风险的宏观、微观因素

从微观层面来看，各个金融机构在推进金融合作和服务的过程中，首先，应严格遵守法律法规，尽管有些相关的法规还不成熟甚至处于空白状态，但各大金融机构也应该培养契约精神，避免信用违约，做出不合常理的行为；其次，在国外开展金融业务的机构应全面了解当地的法律、金融规则、观念以及宗教文化。例如，在伊朗、巴基斯坦等这些以伊斯兰金融为主的国家，存贷款不能收取利息，也无法发行传统意义上的债券①。如此一来，现代意义上的商业银行并不适合在伊斯兰地区开展业务。所以，各金融机构应该深入了解当地金融规则，结合当地特点开展业务，因地制宜。为了避免不必要的风险，还可以选择以与当地金融机构合作的方式开展业务；再次，应借助网络平台，构建起境内外机构联动的信息管理系统，充分利用“大数据”资源，帮助机构判断分析市场、捕捉信息、评估风险。最后，应积极学习和借鉴有关企业的成功经验，并与相关专业的咨询服务机构、智库平台等进行合作，共同探索防范“一带一路”中金融风险的有效方法和途径。

从宏观层面来看，中国应努力与沿线各国政府搭建金融合作的桥梁，主要在金融监管、法规建设等方面达成一致。如上所述，“一带一路”合作中诱发金融风险的因素变得更为复杂，由于沿线各国有着不同的经济战略、政策方针、法律法规以及文化习俗，给各国之间的金融合作带来了许多风险和障碍。面对这样的情形，必须加强与沿线各国的监管合作，对于各类金融创新产品、跨境资金流等实施有效的监控，防止违规、投机、洗钱等行为发生，严守系统性金融风险爆发底线。同时，各国应共同制定具有针对性的法律法规，为“一带一路”金融合作中遇到的问题提供导向、规范以及解决路径，避免违约、延期偿付等有损信誉的事情发生，促进各个国家长期可持续的合作。

---

① 佚名：《“一带一路”战略下的金融合作与风险防范研讨会综述》，《金融论坛》，2015年第11期。

三、税务风险

税务风险是指企业的涉税行为因为未能正确有效地遵守税法规定，导致企业未来利益遭受损失的可能性。同时还包括由于条例不明晰与执法部门行为的随意性而造成损失的可能性。

在“一带一路”合作中，“走出去”的企业相比国内经营的企业，会因为海外投资环境、税收环境的复杂和陌生，而面临更大的税务风险和挑战①。从“一带一路”沿线国家的税务环境来看，各国的税制结构、税率、征税手段等纷繁复杂，国家之间的税务发展水平也参差不齐。在发达国家中，税法体系十分成熟，相应的条款也更为缜密。虽然这样的税务环境更有利于企业发展和避免违规，但对于“走出去”的企业来说，因为语言、条例太繁琐等原因，很难深刻、全面地分析与理解该国的税法体系，从而导致不必要的风险发生。至于在发展中国家，税法体系还不完善，很可能出现税法部门实际执行与条款不符或具体条款缺失的情况。加之很多国家政治不稳定、经济波动，税制的改革很可能会随时发生。这一系列复杂、多变的不稳定因素，同样增加了企业的税务风险。

为了有效防范税务风险，首先，企业要与东道国主管税务机关做好沟通和协调，取得税务机关的理解和支持；其次，企业应该与具有权威性的专业机构进行咨询和合作，寻求税务分析和指导；再次，企业也应该积极培养涉外税务的专业人员，了解和掌握东道国的税务体系以及中国与该国或

① 齐力：《税务风险考验沿“一带一路”走出去的中企》，《中国对外贸易》，2015 年第 6 期。

地区签订的税收协定情况；最后，如果遇到海外税务争议，应充分利用政府间协定和国家间投资保护协议以争取合法权益[①]。当遇到境外税务纠纷时，要及时向中国税务部门反映情况，通过政府间的磋商机制来解决税务争端[②]。

四、汇率风险

自1973年布雷顿森林体系瓦解，特别是1976年牙买加协议正式承认浮动汇率制合法性以来，世界各国开始普遍实行浮动汇率制度，从而增加了汇率市场的不稳定性。尤其在2008年金融危机爆发之后，国际金融市场和国际货币体系动荡不安，外汇风险的波及范围逐渐扩大，几乎涉及所有的经济部门，风险不可测性随之加大。由此，汇率风险成为参与全球金融、经济业务往来的重要风险。在“一带一路”倡议合作中，汇率风险也须被各部门加以重视和防范。

汇率风险又称外汇风险或外汇暴露，是指在一定时期内，经济主体在持有或运用外汇的经济活动中，因汇率的波动而引起资产价值涨跌的可能性[③]。各企业机构在“一带一路”倡议的参与中，主要面临两类汇率风险：一是贸易性汇率风险；二是金融性汇率风险。从基础设施建设项目合作到产业链构建，从商品买卖到文化交流，贸易沟通都是核心内容。同时，金融合作和金融服务也贯穿其中。而无论是在贸易活动中，还是国际金融市场上，汇率波动对于“走出去”的企业来说都构成极大的风险隐患。另外，汇率波动

① 詹清荣：《“一带一路”跨国投资经营战略的税务风险防控要点》，《国际税收》，2015年第6期。

② 刘建春：《走出去企业海外公司税务风险管理探讨》，《财经界（学术版）》，2015年第7期。

③ 涂永红：《外汇风险管理》，中国人民大学出版社2004年版。

还直接影响国家外汇储备价值，从而给中央银行在管理上带来巨大的风险。

从目前来看，美国的经济政策以及“一带一路”沿线国家的经济状况和政治局势是“一带一路”贸易合作与金融合作中引起汇率剧烈波动的主要源头。

自特朗普上台以来，美国政府通过增加政府购买、降低企业税收、削减监管约束等新政吸引了大量全球避险的资金流；同时，美联储在2017年3月15日宣布加息25个基点，预计还有加息的可能。二者都导致了美元逐步走强，从而给人民币以及沿线各国的货币带来了贬值的压力，尤其对俄罗斯、沙特等国影响较大。

对于中国来说，随着劳动力成本的不断攀升、制造业产能过剩的状况日益加剧。2015年之后，中国经济在“L”形区间运行的轨迹尤为明显。一边是中国可投资项目逐渐萎缩，一边是美联储加息以及相对宽松的投资政策，二者共同抑制了各类资本在中国的投资热情，造成了中国资本的大量外逃。据中华人民共和国商务部统计，2016年1—11月，中国境内投资者共对全球164个国家和地区的1755家境外企业进行了非金融类直接投资，累计投资金额达1617亿美元，同比增长55.3%。以上种种因素给人民币带来了相对强烈的贬值压力，而且这样的压力很可能具有一定的持续性（如图4－1所示）。

从图4－1可以看到，2015年7月以来人民币汇率一直呈下跌态势，从1∶6.0942跌至1∶6.9307，平均跌幅约达12.07%。虽然到2017年有所回升，但汇率仍维持在较低的水平。另外，中国“811”汇率改革增加了人民币的波动弹性，随之增加的风险也不容小觑。

随着人民币的大幅贬值，诸多对外业务占比较高的企业

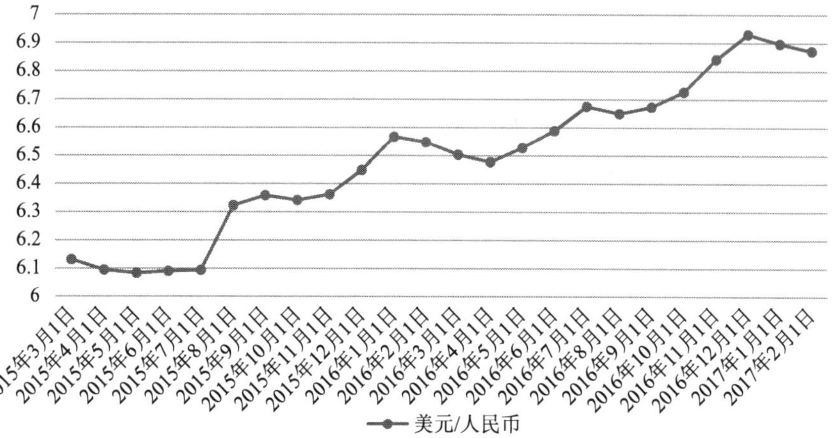

图 4-1　2015—2017 年美元兑人民币汇率走势图

受到了明显地冲击，主要有进口原材料比例较高的行业以及外债较多的行业。其中，进口原材料比例较高的细分行业主要有工业金属、钢铁、化学原料、石油化工、造纸等；外债较多的行业主要有航空、通讯、房地产、煤炭等。据有关数据显示，中国东方航空集团公司和中国南方航空集团公司在2016 年上半年的汇兑损失达 13.6 亿元人民币和 15.1 亿元人民币，可谓受损严重。但我国出口企业却从人民币贬值中受益不小。原因是当汇率下跌时，出口产品以美元计价会下降，竞争力相对提高，有利于产品出口。受益群体主要集中在通讯设备、电机、电子制造等行业。在这些领域中，中国企业的竞争对手多为欧盟、美国、日本等发达国家和地区，当人民币贬值时，无疑从价格上提高了我国产品的竞争力。

但应注意的是，在“一带一路”投资和贸易合作中，我们在关注人民币汇率的同时，更要结合其他国家货币的汇率政策和价值波动来进行全面的考察，关注相对汇率的走势。在美元持续走强的状态下，一些“一带一路”沿线国家由于外资比例过高等因素，并不能有效维持本币价值的稳定，使其汇率陷入更为剧烈的下跌态势。例如，埃及镑、蒙古图格里克等。一些国家货币开始呈相对贬值的趋势，但到了2016年以后相对人民币却呈现出升值的状态。例如，俄罗斯卢布、哈萨克斯坦坚戈、吉尔吉斯斯坦索姆等。还有一些国家的货币兑人民币一直处于升值趋势。例如，泰国泰铢、巴基斯坦卢比、新加坡元、日元、文莱元、印度卢比、印度尼西亚卢比等。目前，一些“一带一路”沿线国家如文莱、立陶宛、波黑等国还实行盯住汇率制度，一旦出现贬值压力而被迫改为浮动汇率制度之后，本币就会发生大幅贬值。2015年，哈萨克斯坦汇率暴跌就是一个很好的例子。随着哈萨克斯坦总理卡里姆·马西莫夫的表态，哈萨克斯坦于2015年8月20日取消汇率走廊制度。突然放弃汇率上下限导致坚戈兑换美元的汇率从197:1骤跌至256:1，贬值幅度约达30%。尽管中国企业对此已有相应的预防机制，但仍受到了一定程度的损失。所以，企业在投资和进行贸易合作的时候应该结合合作方的汇率政策和走势，从多维角度追踪人民币的汇率波动情况。

“一带一路”沿线各国的经济状况和政治局势同样影响着汇率的走势。下面从通货膨胀率和国际收支水平两个维度来说明经济状况对本国货币汇率的影响。

（1）通货膨胀会引起本国货币汇率下跌，导致进口商品竞争力减弱、出口商品竞争力增加，还会削弱本国货币在国家外汇市场上的信用等级，由此引发本币汇率恶化。另外，通货膨胀可能诱发滞胀，当失业率和通货膨胀率双高，不仅阻碍经济恢复，而且可能引发政治动荡。纵观“一带一路”沿线各国，捷克、白俄罗斯、也门、缅甸、埃及等国家的通货膨胀率较高。尤其是捷克的通胀率已达34%，存在较大的风险隐患。塞尔维亚、波黑、马其顿等国的失业率也居高不下，维持在20%以上，形势不容乐观。

（2）一国的国际收支会对本国汇率产生直接的影响。当发生国际收支逆差时，会使该国货币汇率下降。新兴市场国家由于产业水平滞后、资源利用不足或匮乏等原因，使其进口依存度较高。同时，该类国家以初级产品出口为主，其需求量极易受到全球经济情况的影响。当全球需求萎缩时，新兴市场国家出口量会受到较大地冲击。在进出口两个方面的共同作用下，新兴市场国家时常出现经常项目逆差。例如，东帝汶、老挝、黎巴嫩、吉尔吉斯斯坦等国。其中，东帝汶的经常账户余额与GDP的比率达-86.07%。这些指标都应该被投资企业重视，谨防风险的发生。

除了一些沿线国家的经济环境不友好以外，中东、北非等地区的政治局势也同样威胁着汇率的稳定。这些地区政局极不稳定，军事冲突、政治冲突、政权更迭等时常发生，已经给当地的经济造成了严重的影响，同时也对本地汇率产生了巨大的干扰。尽管该类因素影响汇率波动的时限普遍较短，但随机性、不可测性、破坏性要更大。所以，企业在进行投资和贸易合作时，一定要尽量避免政局混乱带来的汇率波动风险。

第二节
“一带一路”沿线的汇率风险案例

汇率风险发生的因素纷繁复杂，通过上述的分析可知，通常由一国内、外两个方面的因素共同引发货币汇率的剧烈波动。其中，内部因素主要指该国的经济环境和政治局势；外部因素主要包括全球或周边国家的经济局势和国际炒家的推波助澜。当汇率发生剧烈波动之后，不仅会波及相关领域，还会干扰与其合作的国家和地区，这些国家和地区的金融市场更是首当其冲。其中，股票市场、债券市场、期货市场及期权市场等都会因汇率波动发生剧烈震荡。对于发生汇率风险的经济体，经济增长将受到强烈干扰，甚至政局也会发生动荡。更重要的是，当地百姓会惨遭损失，对市场甚至对社会失去信心。由于受到人们悲观预期的影响，经济会再次受挫，进而难以复苏。下面通过对希腊债务危机的描述和分析，梳理汇率风险产生的原因和带来的影响。

一、希腊债务危机——“高盛制造”

希腊在 2001 年的时候试图申请加入欧洲联盟（以下简称“欧盟”），但根据 1992 年签署的《马斯特里赫特条约》，欧洲经济货币同盟成员国必须满足预算赤字不能超过国内生产总值的 3% 以及负债率低于国内生产总值的 60% 这两个条件。可是针对这两项关键指标，希腊的实际情况远未达标。为了让自己满足要求，希腊求助于美国著名投资银行高盛集团（Goldman Sachs，以下简称“高盛”）。高盛通过设计一套“货币掉期交易”为希腊政府掩饰了一笔高达 10 亿欧元的政府债务，从而使希腊在账面上达到成员国的标准。最终，希腊成功地加入了欧盟。

这笔“货币掉期交易”的具体做法是，希腊政府分批发行一笔 100 亿美元的 10 ~ 15 年期的国债，这笔国债由高盛负责将希腊提供的欧元兑换成美元。等到债务到期时，依旧由高盛将其兑换成美元。而高盛就是在兑换汇率上做了文章，使得高盛贷给希腊政府的现金不在公共负债率中体现出来。假如，按照市场汇率计算1欧元可兑换1.35美元，而希腊发行100亿美元国债，可以获得74亿欧元。但高盛按照一个更为优惠的汇率使希腊获得了84亿欧元，即高盛实际上给希腊贷了10亿欧元。但是由于这笔负债要10~15年以后才归还，使得这笔债务没有出现在希腊当期的公共负债率的数据里。如此一来，希腊通过获得的这笔10亿欧元现金，使其国家预算赤字从账面上看仅为GDP的1.5%。但事实上，希腊赤字高达GDP的5.2%，远高于3%以下的标准。除此之外，高盛还为希腊设计了不会增加负债率的多种借款方式。例如，将国家彩票业和航空税等未来的收入作为抵押以换取现金。这种抵押变现的方式在统计中不是负债，却变成了出售，即银行债权证券化①。但与此同时，高盛又向德国一家银行购买了20年期的10亿欧元“信用违约互换”（CDS）保险。与其说此交易是高盛用来防御债务出现支付问题时带来的损失风险，不如说是其为了“捞大鱼”埋下的长线。

等到“货币掉期交易”到期，希腊的债务问题浮出水面。高盛等投机者一面打击希腊的金融信誉，一面轮番抛售欧元。2009年12月8日，惠誉国际信用评级有限公司将希腊主权信用评级从“A-”降为“BBB+”。没过多久，2009年12月16日，国际信用评级机构标准普尔宣布将希腊的长期主权信贷评级由“A-”降为“BBB+”。这一系列降级引发了希腊股市大跌，并且给国际市场造成了恐慌，竞相抛售欧元，短短10天之内欧元汇率下跌了10%。与此同时，希腊的CDS开始疯涨。从2009年7月到2010年，希腊

① 郑若麟：《高盛：希腊债务危机幕后黑手?》，《文汇报》，2010年2月24日。

CDS的利率上涨了3倍。当初在希腊信用还未被怀疑的时候就购进大量CDS的高盛，如今满载而归。在希腊经济遭受重创之后，西班牙、葡萄牙、爱尔兰和意大利也难逃厄运，同样卷入了这场危机之中。此后，欧元区的核心国家法国、德国也受到了危机的影响。至此，由希腊引发的主权债务危机已经演变成了一场波及整个欧洲的主权债务危机。受到打击的还包括欧元区的大批银行：一是当初大量购买希腊债券的银行；二是为其做各种担保的银行或保险公司。

然而，这场危机远没有结束。2012年5月，希腊组织联合政府的失败增加了其退出欧元区的风险。为此，希腊人民担心自己国家脱离欧元区后会发行新的币种，纷纷涌进银行提取存款，导致希腊银行出现了严重的“挤兑”现象。2015年，希腊债务危机深化，民众开始扎堆领取养老金，给政府施加了更大的财政压力。目前，希腊救助计划的谈判也陷入僵局，希腊政府很有可能宣布退出欧元区。希腊“脱欧”一旦实现，将会进一步打击欧元在市场上的信誉和地位，或将引发“多米诺骨牌”效应，这对于希腊乃至整个欧元区都是一次严峻的考验。

二、欧元区沦陷引致汇率风险

1. 欧元受挫及其影响

欧债危机实则是一场欧元的危机。欧元的汇率自希腊债务危机爆发以来震动多次，欧元贬值的倾向十分明显（如图4－2所示）。

在欧洲债务危机开始阶段，由于希腊债务危机的爆发削弱了欧元竞争力，持有欧元的投资者在外汇市场上大量抛售欧元，导致欧元汇率从2009年12月开始一路骤跌，一个多

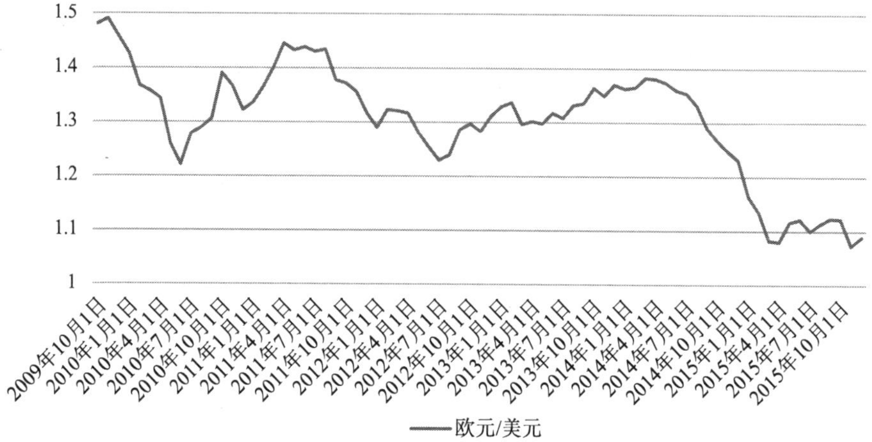

图 4-2　2009 年 10 月 1 日至 2015 年 10 月 1 日欧元兑美元平均汇率走势图

月的时间里日均跌幅约达 4.89%。2010 年，希腊债务危机开始蔓延，葡萄牙、西班牙等国也相继陷入主权债务危机。此时，欧元对美元汇率进一步下跌，至 2010 年 4 月汇率跌幅达 7.64%。2010 年 5 月 10 日，欧元区各国几经协商，最终批准剥除 7500 亿欧元对希腊进行援助计划。随着救援计划的推进，欧元汇率触底反弹，开始有了短暂的回暖迹象。但好景不长，到 2010 年 11 月，爱尔兰债务危机全面爆发，欧元又开始了新一轮的下跌，直到爱尔兰得到欧盟救助之后危机才告一段落。此后，欧元区的经济一直处于低迷状态。除了 2011 年时，由美国继续实行宽松的货币政策以及欧元区实施的一系列恢复经济措施等因素的综合作用下，欧元汇率有所回稳外，欧元的走势一直持续疲软。随着 2012 年欧债危机持续攀升，市场向做空欧元的方向严重倾斜，汇率再次经历了大幅下跌，之后又回升走稳。但 2014—2017 年，美国经济开始持续复苏，随之美元逐渐走强。反观欧洲却面临着欧元通缩可能性增大以及希腊或将退出欧元区的风险。在多重压力之下，欧元汇率再次持续走低。2015 年，欧元 : 美元比价跌破 1.2:1 的汇率水平，并长期维持在 1.2 以下，达到了自欧债危机爆发以来的最低谷。

欧元作为世界重要的货币，被许多非欧盟国家运用于国际贸易、国际储备以及国际投资中。所以，欧元的受挫势必为整个国际经济带来一定负面的、抑制性的影响。尤其作为欧洲的重要贸易合作伙伴——中国来说，受到欧元汇率剧烈震荡的影响颇深。图 4－3 展示了 2014 年 1 月 1 日至 2017 年 1 月 1 日，欧元兑人民币的汇率走势。

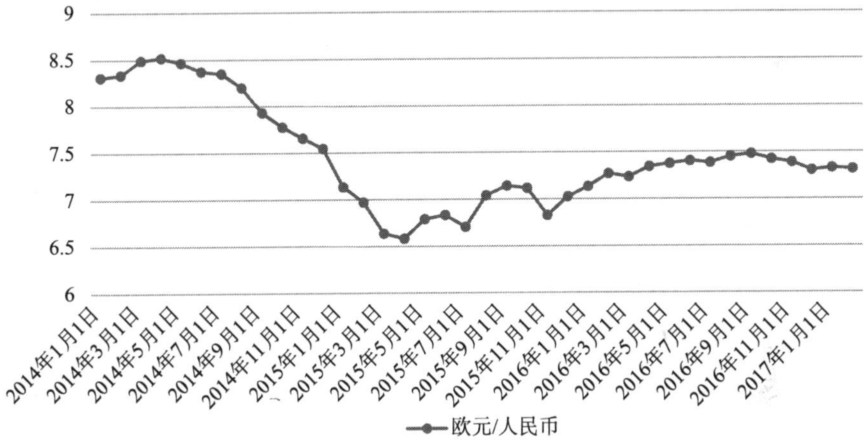

图 4－3 2014 年 1 月 1 日至 2017 年 1 月 1 日欧元兑人民币汇率走势图

由图 4－3 可以看出，从 2014 年 5 月开始，欧元相对人民币来说大幅贬值，直到 2015 年 4 月欧元兑人民币跌落至 1:6.585，跌幅达 22.7%。进入 2016 年之后，欧元兑人民币相对汇率保持平稳状态，但仍维持在较低的水平，汇率不超过 1:7.5。

一方面，中国与欧洲的双边贸易会受到欧元贬值的影响。首先，欧元贬值不利于中国对欧元区经济体的货物出口。因为，人民币相对升值意味着中国商品的价格随之上涨，从而削弱了中国产品的竞争力，不利于销售。其次，人民币兑欧元的升值还给以欧元计价的国内出口企业带来不小的汇兑损失，令出口企业陷入举步维艰的困境之中。

另一方面，中国的经济也在一定程度上受到了打击。因为欧元区在经历了债务危机之后，股市、债市等金融市场受到重创。希腊、意大利、西班牙等国家由于实体经济薄弱，在危机之后，经济持续低迷，至2017年仍未走出危机的阴霾。欧元区各国为了缓解危机，必将缩小对中国产品的需求，而欧元区国家又是中国重要的贸易合作伙伴。所以，欧洲需求量的减少进一步抑制了中国的出口及其增长，从而影响到中国经济的增长速度。

2. 发生欧元危机的原因分析

首先，欧元体系本身具有先天缺陷。欧元区自创立以来就实行统一的货币政策，由欧洲中央银行统一管理，而财政政策却由各国政府自己制定实施。但是，货币政策只有与财政政策协调实施的时候才能有利于经济的恢复或发展。欧元区内各个国家的经济发展水平差异很大，实施的财政政策也不尽相同，尤其近几年中东欧国家的加入，更加剧了区域间的不平衡。这就会导致以下问题的出现：（1）当危机还未发生的时候，财政政策和货币政策产生错配，为主权债务危机埋下隐患。例如，希腊、爱尔兰等国家，加入欧元区之初，财政赤字就相对较高。但这些国家的政府并没有采取财政紧缩的办法减少赤字，反而利用了欧元的便利，进行大量低成本融资，实施扩张的财政政策以促进经济的发展，最终导致财政赤字恣意扩大，为债务危机埋下祸根。（2）当危机发生时，货币政策和财政政策无法在同一时间协调实施，不能及时加以应对。对于每个国家，只能通过调整财政政策来缓解危机，但是财政政策通常具有时滞性，不如货币政策见效快，最终任由危机蔓延。例如，当希腊陷入债务危机的时候，各成员国各有自己的打算，为了自己的利益僵持不下，没能及时地推出救助希腊债务危机的办法，拖延了救助时间。同时，欧元区内其他成员国也成为国际投机者轮番攻击的对象。（3）当危机过后，经济开始复苏时，又很难制定出满足每一个国家的货币政策。例如，德国、法国经济很快回暖，而希腊、西班牙等国由于经济基础薄弱、虚拟经济占主体，经济复苏需要很长的时间。所以，很难推出有效的货币政策以满足各方的需求。

其次，爆发危机的经济体本身经济出现根本性问题，包括爆发危机的希腊、爱尔兰、葡萄牙、意大利和西班牙等国家，也都是自身经济出了问题。这些国家在过去很长一段时间中都是欧洲经济增长的翘楚，取得过不菲的经济增长业绩。但由于这些国家只关注经济增速而忽略调整经济结构以及解决增长中长期积累的一系列问题，最终为后来的危机埋下隐患。其中，房地产泡沫挤压实体产业就是一个极为致命的问题。据统计，希腊90%的家庭财富以房地产的形式存在。而西班牙的情况最为严重，1995—2008年，西班牙房价上涨了190%；2000—2007年，西班牙全部工作岗位的20%由建筑业提供。在危机爆发前的2007年，西班牙的地产产值占到全国GDP的17%，税收的20%。当危机突然袭来，泡沫瞬间破裂，导致失业率居高不下，银行坏账率激增，给西班牙的经济带来重创。由于实体产业长期遭到挤压，甚至空心化，经济持续低迷，西班牙经济难以在短时间内得到恢复。另外，不合理的财政政策也是这场危机的推动因素。许多国家都采取高福利的社会保障制度，给政府造成了巨大的财政支出压力。据欧洲统计局的数据显示，2008年，葡萄牙的退休金和社会福利总支出占财政总支出的

71%，意大利为65%，希腊为64%，西班牙为63%，均高于欧元区的平均水平。而如此高的福利制度并不会随经济危机的产生而有所下调，否则将会激起民众的反抗，导致社会动荡不安。例如，希腊政府长期财政赤字，一方面是因为希腊地下经济活动猖獗导致政府税收收入增长乏力；另一方面是社会福利支出和雇员报酬居高不下。最终导致财政状况连年恶化，引发危机。

最后，欧元区的汇率等各类风险监管不到位，为高盛等套利机构提供了可乘之机。从高盛为希腊政府掩盖债务到后来希腊主权债务信用评级突然被调低，欧元区的监管部门始终未能发现希腊政府存在严重的债务问题，更没有给出债务危机爆发的应对措施。同时，我们需要注意到，掀起这场危机的国际炒家高盛却没有因此受到严重的惩罚或制裁，仅仅是被美国政府罚款了事。这说明，高盛的做法在现有法律上没有任何制约，相关法律存在严重的漏洞。可以说，法律上的缺失以及相关机构风险控制与监管的不到位，同样是这场危机发生的主要原因。

第三节 “一带一路”沿线的汇率风险防范对策

通过对以上案例的梳理和分析，可以发现汇率风险不仅对参与外汇活动的企业机构造成致命的打击，还对一国的经济、社会、政治产生严重的负面影响。需要强调的是，企业对汇率风险管理的成效依赖于政府制定的相关制度和一国的经济实力。如果政府没有做好宏观上的风险把控，企业的微观防御也将变得脆弱而不堪一击。只有一国政府制定出合理的汇率政策，加强和完善外汇风险管理体系，为企业营造一个安全、健康的经济交易环境，成为企业坚实的后盾，企业才能更好地控制和防御汇率风险。同时，政府本身也可以从中获益，免遭汇率风险带来的损失。

一、政府部门的对策

从东南亚金融风暴到希腊债务危机的发生，我们可以看到汇率风险通常先由外部因素引起，随后像一根被点燃的导火线，迅速地燃爆整个金融市场，殃及周边。这些外部因素抑或是国际炒家的操纵，抑或是金融机构设计的“陷阱”，抑或是经济金融关系来往密切的国家出现了问题，抑或是全球经济体发生了整体的衰退。但这些外部因素并不是危机发生的最根本的症结。这些国家自身制度存在缺陷，在经济发展过程中积累了大量问题而未能及时解决，以及政府当局监管不力等各类因素，才导致这些外部因素有了可乘之机，让这些国家成为了众矢之的。

中国作为发展中国家，经济增长速度早已走在了世界各大经济体的前列。截至 2016 年，中国成为世界第二大经济体、外汇储备量第一的国家。但中国在经济增长的同时也积累了很多问题。例如，经济的增长过度依赖投资的增长，而内部消费需求却存在严重的不足，房地产泡沫、金融泡沫侵蚀着实体经济，甚至存在滞胀的迹象等。这些问题都会危及人民币汇率的稳定性。伴随着“一带一路”倡议的提出以及 2015 年汇率改革政策的落实，人民币国际化的进程也稳步进行。在这一系列重大改革、措施推进的同时，也很容易出现问题或者受到冲击。例如，人民币很可能成为国际投机者下一个套利目标；美国关于全球贸易、油价等问题的决策将可能对人民币汇率造成负面影响等。为此，中国政府应该及时发现问题、解决问题，做好充分的防御预案。

1. 推进供给侧改革，保证“三驾马车”结构的合理性

从东南亚金融危机可以看到，大部分国家因为自身经济结构单一，多依赖于全球的经济形势和需求，导致自身抗击外部风险的能力较弱。一旦外部经济发生变化，极易受到干扰。所以，协调好“三驾马车”——出口、投资、消费的比例，使本国经济更多地依赖于内源式增长，才能更好地抵御汇率波动等外部风险带来的打击。

正如我们所知，中国过去几十年的经济高增长主要依赖投资的高增长，而投资主要靠基础设施建设、出口和房地产3个方面的需求来支撑。近几年，由于产能过剩、劳动力成本增加、环境污染问题严重、全球经济萎缩等，我国基础设施建设和出口需求都呈现出回落的态势。至于房地产需求，也势必因为需要控制高房价而刹住疾进的脚步。所以，单纯靠加大投资无法继续维持中国经济的高增长，必须通过提高内需来寻求出路。同时我们也看到，这样依赖高投资的经济增长模式已经积累了很多问题。如前文分析，这一系列问题都会造成汇率的不稳定。

当下，政府出台了供给侧改革，旨在通过调整经济结构，使要素实现最优配置，达到提升经济增长质量和数量的目标。供给侧改革无疑是正确的改革举措，但与此同时，还应继续推进需求端的改革。首先，政府应大力推进税制改革，降低个人所得税、消费税等来提高居民的可支配收入和购买力。其次，导致内需不足的一个重要原因是收入分配存在严重的不公平性，大部分财富集中在少数人手里。这会造

成有能力消费的人并不会产生多少消费，而能够提高消费量的群体却没有钱去消费。所以，政府也应出台相关政策，例如，征收遗产税等，来消除这种收入分配不均的现象。

2. 人民币国际化步伐应与汇率政策改革相一致

随着美元走强，盯住美元的各国货币都经历了不同程度的下跌。而“一带一路”沿线国家（例如，俄罗斯、哈萨克斯坦等国）货币价值在受到油价下跌冲击的同时，也因为美联储加息而大幅下降，出现了汇率市场的震荡。所以，让人民币成为“一带一路”沿线国家的主导性区域货币，从而规避美元汇率波动带来的风险，似乎成为一条有效途径。如此一来，稳定人民币的相对汇率变得尤为重要。因为，当人民币汇率在合理区间小幅波动而大体趋稳的时候，说明沿线各国货币兑换人民币的汇率风险相对较小，就表明人民币是“一带一路”沿线各国用来规避汇率风险的优良币种，在沿线国家投资建设项目中使用人民币的环境也将更加友好。从而，有利于推动“一带一路”沿线国家直接使用人民币进行结算和交易，有利于加强和增加人民币在国际货币市场，尤其是“一带一路”沿线国家的认可度和使用量（对于如何稳定人民币汇率，将在下一条对策中进行重点阐述）。

但应注意的是，一项新措施的推进必会产生利弊两个方面的影响。人民币国际化，并不是进行得越快越好或是越早越好。国际经验教训告诉我们要正确认识金融自由化以及资本项目开放，实施过早将成为一把双刃剑。反观中国的国情，正如中国社会科学院学部委员余永定所提出的，人民币国际化势必会导致资本项目自由化，但如果汇率政策没有跟上步伐，就会使人民币在国内市场和海外市场没有一致性，导致套汇漏洞的产生，从而对中国的资金甚至经济造成影响。

所以，人民币国际化的推行不应操之过急，要配合中国的汇率政策改革稳步进行。当基本条件和环境适合资本项目开放的时候，再实现人民币的国际化也为时不晚。这样才不会引起财富流失的现象，才可以达到金融改革的真正目的。

3. 重振实业、稳定汇率

从以上分析可以清楚地知道人民币汇率稳定的重要性和战略意义，但与此同时，人民币却很可能面临着长期的贬值压力。如何稳定人民币汇率，本质上并非取决于美元或是一揽子货币的变动周期，而是依赖于中国实体经济的发展和稳定，这才是人民币汇率稳定的根基。

反观中国当前的实体产业，情况并不乐观。2008 年金融危机之后，政府为了缓解经济下行的压力，试图通过大力发展金融创新来帮助和引导实体经济转型。但适得其反，金融的自由化不仅未对实体经济起到促进作用，反而对实体经济造成了强势的挤压。从 2013 年开始，大量的资金“避实就虚”，原因包括：一方面，投资者可以在很短的期限内从金融市场、房地产市场得到很高的资本收益报酬；另一方面，中国的制造业由于去产能等因素处于相对低迷的时期，而相关的技术创新需要很长的周期，并且风险性也相对较高，使得投资者不能找到短期内获得高回报的投资项目。除了一些本身实力就很强的企业愿意扩大对实体经济的投资以外，大部分企业融资之后更愿意投放到房地产市场以赚取高额回报。甚至有学者指出，部分国有企业利用自己的政治优势向银行借到大量的贷款之后，竟然也会跟风把资金投到房地产市场中，以赚取利润。而据于中国银行业主体地位的四大国有商业银行更愿意把大部分资金贷给有政府担保的国有企业。这就导致越来越多的资金涌向房地产行业，造成中国一线、二线城市的房价泡沫越吹越大，而实体经济的资金越来越少。

我们从希腊等欧债危机的案例中可以看到，虚拟经济的过度繁荣只会让一国的经济增长昙花一现，实体经济走强才是维持经济稳定增长的长久之计，是一国汇率最可靠的“锚”，是汇率保持稳定的基石。因此，重振实体经济对于中国实现汇率稳定的目标尤为重要。中央政府应该双管齐下，从两个方面同时入手进行改革：（1）要减少虚拟经济对实体产业的资本挤出。主要可以通过抑制房地产部门的资产流入和创造，抑制金融交易活动，降低金融交易的资本收益率等方法来解决。从而让产业资本止跌回稳上升，倒逼并创造条件来支持金融资本与产业资本的融合；（2）应推进政府职能改革，从“投资型政府”转变为“服务型政府”，成为真正服务于市场而不是干扰市场的政府。首先，政府部门应推进税费改革，为企业减轻税费负担，帮助企业降低成本。2016 年，中国已全面推行了增值税改革，力图减轻企业的税赋。但是，真正给企业造成压力的不是税，而是费。所以。政府也应从减费入手，以真正地减掉企业的财务负担。其次，应该推进户籍制度的改革，完善外来务工人口的福利保障制度体系，让劳动力市场变得更加流动，从而提高劳动力的使用效率。

以上是从宏观层面针对中国的现实问题进行了 3 个方面的思考和讨论，旨在倡导政府通过改变经济增长方式和经济结构来稳定人民币定价的“锚”以及提高防范外汇风险的经济实力。在推进人民币国际化等新措施的同时，要配合适当的汇率政策，稳步实现中国资本项目的自由化，避免让国际投机者有可乘之机。对于“一带一路”沿线各国，提高自身的实体产业实力、改进外汇管理政策同样是防范汇率风险关键、有效的措施。从欧洲债务危机的案例来看，一些以房地产等虚拟经济支撑经济增长的国家都纷纷陷入困境，并且久久不能脱离经济衰退的泥潭。而以德国为代表的具有夯实实体产业的国家，尽管也受到了危机的影响，但在短期内经济就得到了恢复。在欧盟各国陷入危机久久不能脱身的时候，德国还能重铸雄风，甚至还帮助其他国家脱离债务危机，这值得我们思考和学习。所以，无论是中国，还是“一带一路”沿线各国，协调经济结构、发展和振兴实体产业都是应对汇率风险的良方，是维持本国货币汇率稳定的关键所在。

二、企业部门的对策

“一带一路”合作为中国的企业提供了进行海外投资和贸易合作的广阔平台，在带来机遇的同时也带来了新的挑战。尽管对于涉及外汇业务的企业，汇率风险一直都是风险防范的主题，但是“一带一路”中涉及的对外合作具有一定的特殊性。因为沿线各国在政治、经济、市场、文化等方面有着较大的差异，很多都属于较落后的新兴发展中国家。有些国家政局动荡、地缘政治紧张、市场机制不完善、经济水平较低，由这一系列问题产生的风险更为复杂，发生风险的概率也更大。所以，本章将结合“一带一路”倡议带来的新挑战，分别从商业银行和“外向型”非金融类企业的角度提出防御外汇风险的办法和措施。

1. 商业银行汇率风险管理办法

在“一带一路”合作框架下，随着中国对外贸易市场规模的扩大和人民币国际化的推进，商业银行迎来了新的发展机遇。目前，中国各大商业银行已相继在节点国家、重要枢纽城市或地区设立了分支机构。同时，还积极参与中长期贸易融资项目和国际清算等业务。但在支持“一带一路”倡议的同时，也应该深刻认识到其中蕴藏的风险因素。伴随人民币国际化以及汇改政策的实施，未来人民币汇率波动弹性会增加，波动区间会逐步增大，很有可能造成从事大宗商品贸易的企业利率收窄，资金链紧张。这就要求银行开展的贸易融资和外汇清算等业务要具备更高的风险管理水平和更丰富的套期保值工具①，同时要求银行充分发挥其中介作用，为其他经济体提供规避汇率风险的产品和工具。

结合上述问题，提出以下两点对策：（1）商业银行应建立跨机构、本外币、境内外一体化的风险监管体系，提高外汇风险管理能力。首先，管理层要根据本行的综合实力和外汇风险管理水平确定业务战略和风险容忍度。不应为了追求利益盲目拓展业务，造成风险的失控。其次，商业银行应尽快按照国际先进标准完善外汇风险管理体系。再次，充分利用网络，通过建立外汇管理信息系统，提高风险管理的电子化、信息化、量化水平，便于系统覆盖境内外各分支机构，实现空间一体化和时间上连续精准监测的目标。最后，建立本外币一体化账户管理体系以协助管理外汇业务，全面掌握跨境人民币和外汇资金流动信息；（2）商业银行应该充分发挥中介作用，加强与期货交易所的联动作用，为银行自身和客户提供规避风险的产品和服务。面对汇率市场的不稳定性和投机性，一方面，银行应根据客户需求和产品特点，运用多样化的管理组合风险工具为客户提供规避汇率波动带来的风险损失；另一方面，银行自身要提高金融创新能力，丰富风险对冲手段，避免持有不必

① 夏丹、武雯、汪伟：《“一带一路”战略下的商业银行业务发展契机与策略建议》，《新金融》，2015 年第 9 期。

要的风险敞口。

2. 非金融类涉外企业汇率风险管理办法

参与“一带一路”倡议的“外向型”企业有很多类型，针对每种企业都应该有具体的、更具针对性的外汇风险管理办法。但本书意在提供对于各行业都具有参考价值的风险管理对策，主要包含以下4个方面内容：

（1）企业应在明确汇率管理目标的基础上搭建外汇风险管理体系。因为汇率管理目标同样也是风险管理效果的评价标准，是决定外汇风险管理成败的重要因素。管理层应该结合自身的业务特征和实力水平明确汇率管理目标。例如，现金流对企业业务很重要，那汇率变动对现金流的影响就是企业该关注的重要指标，对于财务报表中的汇兑损失等情况就应该以相对较少的精力、财力去实施监管控制。

（2）加强对新兴市场国家货币的风险识别。主要可以通过调查表法、风险数分析法、价值链法对风险进行识别。梳理交易风险、折算风险、经济风险分别隐藏在哪一环节，从而给出相应的解决办法。

（3）运用金融技术手段防范汇率风险。例如，企业可以通过商谈合同价格的时候制定各方能接受的风险比例来规避风险。企业在与外商签订合同时，会将各方都能接受的风险比例作为合同的附加条款，通常情况下风险是平分的。如果一方强势，另一方有可能会承担更大的风险敞口。另外，企业可以通过与商业银行合作来避免汇率风险，主要包括贸易融资和购买金融衍生产品。其中，通过贸易融资，企业可以解决紧急出口发货和收汇期之间的资金周转问题，把汇率风险转嫁到有能力对冲风险的银行身上。企业还可以购买金融衍生产品来避险，主要有远期结售汇工具、境外人民币

NDF 工具等①。

（4）培养和引进外汇风险管理领域的人才或积极寻求咨询机构的帮助。由于“一带一路”倡议中贸易、投资合作的特殊性，企业通常需要有经验的专业人士来提供具有参考价值的、关于规避汇率风险的指导。尽管一些企业已经有一定的涉外经验，但面对一个崭新的市场，尤其是当东道国经济水平落后、政局不稳的情况下，单凭企业自身的能力可能无法精准地把握形势，制定合理的汇率风险管理方案。所以，有实力的企业可以通过聘请专业人士或培养外汇风险管理人才来加以解决。而中、小型企业，由于经济实力有限，可以选择相对省时、成本低的途径。例如，与专业的咨询公司建立合作关系以寻求解决方案等。

综上所述，无论是商业银行还是非金融类的涉外企业，“一带一路”倡议既是一次难得的发展机遇，又是一次严峻的考验。企业部门都应该结合“一带一路”的大背景，根据自身的实力和特点，制定和完善外汇风险管理体系，以有效地提升抵御外汇风险的能力。

① 张蕾祺：《企业汇率风险的防范途径》，《现代经济信息》，2011 年第 7 期。

第五章

"一带一路"沿线的文化风险及其防范对策

根据我国《推动共建丝绸之路经济带和21世纪海上丝绸之路的愿景与行动》，"一带一路"贯穿亚欧非大陆，一头是活跃的东亚经济圈，一头是发达的欧洲经济圈，覆盖亚洲、欧洲、非洲共66个国家，超过全球64%的人口。以政策沟通、设施联通、贸易畅通、资金融通、民心相通为主要内容的"一带一路"，首先要解决的问题是不同国家之间的文化交流。文化交流是"一带一路"实施的基础和必要前提，但这种交流随之而来的是文化风险问题。梳理和概括“一带一路”沿线的文化风险概念、表现形式、影响因素，深入发掘文化风险的产生与变化的内在逻辑关系，探索防范与化解文化风险的应对策略，应该是“一带一路”倡议中需要进行深入研究的重要内容。

第一节 “一带一路”沿线的文化风险概况

一、文化风险的概念

文化是一个内涵极其宽泛和复杂的概念，文化学的奠基者泰勒认为，“文化是一个复杂的整体，包括知识、信仰、艺术、道德、法律、风俗及作为社会成员的人所获得的能力与习惯”①。文化包括物质文化、精神文化、制度文化等，又有共性文化与个性文化之分。知识、科学技术等物质文化属于共性文化，不具有民族、国家和制度特点，不存在文化风险问题。而民族精神、价值取向、社会意识形态等社会文化制度等则具有明显的民族、地域、国别特征，属于个性文化。本章所探讨的文化风险是指个性文化的风险，主要包括意识形态和民族文化两个方面。因此，我们将“一带一路”文化风险定义为：在“一带一路”倡议实施过程中，对包

① 郭齐勇：《文化学概论》，湖北人民出版社 1990 年版。

括信仰、艺术、道德、风俗、法律等在内的意识形态和民族文化产生的冲击和损害。

根据上述定义，“一带一路”文化风险涉及风险的主体问题。文化风险主体探究的是“谁的风险”，这个主体应该有两个层面：一是整体层面，即“一带一路”倡议本身的文化风险，也就是“一带一路”倡议实施过程中，“一带一路”所有参与国家的文化能否实现平等交流与融合；二是个体层面，即“一带一路”倡议对中国所产生的文化风险，它包括中国文化“走出去”和“请进来”两个方面的风险。本章着重探讨的是后者，也就是“一带一路”倡议可能对中国产生的文化风险。中国作为“一带一路”倡议的发起国，既要看到通过“一带一路”倡议为中国及“一带一路”各国发展带来的机遇，也要看到“一带一路”这项宏大的系统性工程在实施过程中带给中国文化的风险和挑战。

二、文化风险的表现形式

“一带一路”倡议不仅加快多个国家的多元文化交流，也使中国文化和其他各国文化之间发生更多的碰撞和冲突。“一带一路”文化风险主要表现在两大方面，即“走出去”和“请进来”两大风险。

（一）中国文化“走出去”的风险

中国文化“走出去”是“一带一路”中外文化交流的必经之路，但随之而来的风险不容忽视。中国文化“走出去”的风险可以分为两类，即走不出去的风险和走出去不被认同的风险。

1. 走不出去的风险

能不能“走出去”是关系到“一带一路”中外文化交流能否顺利进行，关系到中国文化“走出去”能否实施的决定性因素。“一带一路”倡议中，中国文化“走出去”首先面临的是中国文化走不出去的风险。这种风险具体表现为以下几种形式：

（1）中国文化核心竞争力不够的风险。根本上说，“一带一路”倡议中国文化能否“走出去”，取决于中国文化核心竞争力的强弱。这种核心竞争力又包括两个方面内容。首先是中国文化的精神内核是否完全形成。众所周知，中国是有着悠久历史的多民族国家，一方面，长期以来中华民族传统多元文化的继承、发扬无论是深度还是广度，都还十分欠缺。中国作为有着数千年悠久灿烂历史文化的国家，有着丰富的文化底蕴和积淀。而且中国传统文化本身就是一个多民族的文化共同体，既包括中原农耕文化，又兼容少数民族游牧文化。具有极强包容性的中国传统文化，应当成为中国文化核心竞争力的重要组成部分。但是，中国传统文化的挖掘、继承还没有引起足够的重视，影响了中国文化的核心竞争力。另一方面，中国目前仍处于全面建设小康社会的伟大征程中，中国特色社会主义文化从形式到内容上的发展仍有待完善。包含文化在内的中国特色社会主义的核心价值观从形成到确定，再到深入人心还需要更多的努力。因此，如果不能解决中国文化中的传统文化、当代文化以及两者融合的问题，就难以形成中国文化的核心竞争力，这会从根本上影响中国文化“走出去”。

（2）文化“走出去”渠道缺乏的风险。渠道缺乏也是影响中国文化“走出去”的重要因素。与西方国家相比，中国文化传播的渠道较少，影响了中国文化的对外传播和交流。在中外文化交流中我们可以发现，中外文化交流的渠道更多重视与欧美发达国家的交流，与欧美发达国家文化交流的平台和频次远远超过与“一带一路”沿线各国的交流。例如，中国开办的英语电视频道、广播、杂志和网站等已经形成比较完整的对外传播体系，但是对于“一带一路”沿线各国的对外传播渠道还十分缺乏，这成为“一带一路”倡议中制约中国文化“走出去”的重要因素。除此之外，中国文化对外传播的渠道局限性很强，主要表现在官方渠道远远超过民间渠道，在与“一带一路”各国文化交流中显得尤为突出。受到“一带一路”沿线各国经济总体发展水平、与中国文化差异等因素的影响，中国与“一带一路”沿线各国文化的交流平台较少，且以官方平台为主。“一带一路”要实现中国文化“走出去”，仅仅依靠政府之间的文化交流平台是远远不够的，必须要依靠更多民间平台的搭建和发展。例如，民间文化交流、文化贸易等。

（3）文化人才缺乏的风险。中国文化随着“一带一路”倡议“走出去”，面临着文化人才缺乏的风险。首先，语言人才缺乏。语言互通是“一带一路”互联互通的基础，也是中国文化“走出去”的前提。贯穿亚洲、欧洲、非洲三大洲的“一带一路”沿线 60 余个国家，涉及的官方语言近 60 种，各种民族语言 200 多种，而目前我国相关语言教学仅不到十分之一。语言人才缺乏妨碍了中国文化“走出去”进入“一带一路”沿线国家。其次，熟悉宗教和当地风土人情等相关人员的缺乏。“一带一路”沿线国家普遍有宗教信仰，各地风土人情也有所不同，了解和熟悉宗教等风土人情情况是中国文化“走出去”的必要条件。但是，中国缺乏熟悉“一带一路”沿线国家相关的宗教、民族等相关人才，即便在高校也仅仅有新疆等西部县份的个别高校开设少数有关专业或课程，远远不能满足中国文化“走出去”的实际需要。

2. 不被认同的风险

不被认同是中国文化“走出去”面临的另一大风险。具体表现在以下两个方面：

（1）民族宗教差异，导致中国文化认可度低的风险。从阿富汗、巴基斯坦到中亚地区的伊朗、伊拉克、叙利亚、土耳其，再到东南亚的印度尼西亚、马来西亚等国家，主要信奉伊斯兰教；东南亚地区的泰国、柬埔寨、缅甸、斯里兰卡等国家主要信奉佛教；印度印度教、佛教等各类宗教信徒超过其全部人口的90%。因此，宗教是这些国家文化的核心内容，宗教文化是“一带一路”政治、经济、文化交流绕不开的重要内容。某种意义上说，“一带一路”是“宗教的路带”①。与这些国家不同的是，虽然中国也是个多宗教的国家，但是中国宗教信徒比重较低。中国宗教徒信奉得最多的主要有佛教、道教、伊斯兰教、天主教和基督教，宗教徒累计占总人口的比例不超过10%。根据民调机构盖洛普国际2014年年末对全球65个国家的调查数据，中国大陆地区宗教信仰者比例最低，只有7%。鉴于中国宗教情况与“一带一路”各国宗教文化的巨大差异，中国文化“走出去”存在认可度低的风险。

（2）政治文化差异，导致中国文化认可度低的风险。一方面，中国与“一带一路”各国在政治文化制度上存在差异，在文化交流的过程中，如果不能秉承宽容、理解和求同存异的理念，势必影响中国文化“走出去”。另一方面，西方国家忽视中国“求同存异”等国际交往理念，不断对

① 梁永佳、李小云：《实施“一带一路”战略要有宗教考量》，《国际发展时报》，2015年4月30日。

外宣扬中国的社会主义政治文化制度等意识形态层面的内容，一些西方媒体甚至用中国版“马歇尔计划”来比喻“一带一路”倡议，将“一带一路”描述为中国经济、政治、文化（包括意识形态）的输出。西方国家对中国与“一带一路”沿线各国在政治理想、价值信念等政治文化的差异进行夸大和片面宣传，导致“一带一路”沿线国家的少数人产生了对中国政治文化制度的抵触情绪，对中国文化“走出去”产生负面影响，进而加深了中国文化“走出去”不被认可的风险。

（二）外国文化“请进来”的风险

“一带一路”文化交流中，除了“走出去”，还有外国文化“请进来”。文化“请进来”的风险也有两个方面：一是外国文化请不进来的风险；二是外国文化“请进来”影响中国文化安全的风险。

1. 外国文化请不进来的风险

外国文化请不进来的风险，具体表现为以下两种风险。

（1）外国文化不愿进来的风险。“一带一路”各国中不少国家的文化具有鲜明的民族性、地域性，与中国文化大相径庭。如果没有适当的文化共通点和沟通渠道，外国文化有可能不愿进入中国。从现有的文化沟通渠道可以发现，“一带一路”的中外文化交流以官方搭建的平台或活动为主，民间文化交流仍然十分欠缺。这在一定程度上反映了外国文化对中国文化的不熟悉、不了解，仅仅依靠政府的活动难以真正实现外国文化走进中国。从中外文化的互动情况看，中国文化“走出去”明显大于外国文化“请进来”的力度。近年来，中国政府积极推动政府和民间文化“走出去”。以中亚为例，中国与土库曼斯坦、哈萨克斯坦、乌兹别克斯坦和吉尔吉斯斯坦等国家，通过“国际文化节”、“中国文化节”、“欢乐春节”等形式开展音乐、舞蹈、绘画、电影等多种内容的文化交流，不仅有政府举办的，也有民间举办的一些文化艺术活动。但是，中亚各国到中国举办的文化艺术活动，主要是政府支持的活动，民间文化进入中国的活动相对较少。这说明有待通过更多的交流进一步激发外国文化进入中国的意愿。

（2）进来不被接受的风险。经过三十余年的对外开放，中国对于来自外国的文化有了更多的认识和包容。特别是通过电影、音乐、书籍等多种渠道，中国对于欧美发达国家的文化有了很多的了解，其中的一些内容得到接受和认可。而“一带一路”沿线国家大部分属于发展中国家，与西方发达国家相比，与中国的经贸规模和比重较少，民间文化交往的深度和广度不够。因此，虽然通过实施“一带一路”倡议，将这些国家的文化引进到国内，但是由于西方文化有先入为主的优势以及中国和“一带一路”各国文化存在的客观差异、交流不够等原因，有可能出现“一带一路”国家文化进入中国后不被接受的现象。

2. 影响文化安全的风险

“一带一路”倡议是顺应世界经济全球化、文化多样化潮流的宏大愿景，在为促进中外多元文化交流提供契机的同时，处理不当也可能会影响国家的文化安全。

（1）“一带一路”多元文化冲击中国文化的风险。“一带一路”文化“请进来”必然会出现多元文化的流入。在中国经济体制转轨和西方文化的影响下，中国社会的价值观念日益呈现出多样化发展的趋势。目前，中国的主流核心价值观渐趋形成，但是从形式到内容的高度融合，再到真正深入人心，还需要一段较长的时间。一方面，“一带一路”文化“请进来”，外国文化的进入势必会使得中国存在的多元文化更加复杂，可能对中国主流文化和价值体系产生冲击，进而可能会对中国特色社会主义文化体系造成负面影响。另一方面，“一带一路”文化“请进来”的过程中，如果没有建立良好的选择和风险防范机制，外国文化中的一些糟粕也会随之进入，鱼目混珠的风险也会影响中国文化安全。

（2）宗教极端思想趁机而入的风险。宗教极端思想一般借用宗教文化活动的名义，实际上从事暴力、民族分裂等活动，对国家安全、社会稳定和人民生命财产安全造成严重威胁。为世人熟知的基地组织、“伊斯兰国”（ISIS）、“东突”等恐怖组织都属于受到极端宗教思想控制的恐怖组织，还有达赖喇嘛披着宗教的外衣，实际上也从事着民族分裂活动。中国文化安全领域已经出现多种因素合流共振的现象，特别是西部地区民族文化安全问题尤为明显。而且敌对势力往往打着宗教宣传的幌子，对信教群众进行系统性洗脑和培训，以壮大其势力。由于“一带一路”中的民族宗教地区较多，在外国文化请进来的时候，极端宗教思想趁机而入的风险大大增加，甚至会危及国家安全。

三、文化风险的影响因素

影响“一带一路”文化风险的因素主要有文化交流主体和文化交流机制所带来的风险，具体分为以下 3 个方面。

（一）中国文化的竞争力

中国文化竞争力的强弱是影响“一带一路”文化风险大小的根本因素。一般而言，国家文化竞争力越强，在“一带一路”文化交流过程中所面临的风险就越小，反之面临的文化风险就越大。

以在世界上影响力最强的发达国家主流文化之一——美国文化为例。美国文化强大的竞争力，确保美国文化在当今世界多元文化当中获得巨大影响力。从美国文化形成的历史可以发现，作为一个仅有二百余年历史的国家，美国结合自身移民国家的政治、经济、社会特点，逐渐形成了有自身特点、不可复制的国家文化，被社会各阶层广泛接受并形成共识，并通过强有力的多种宣传渠道，对外树立“美国梦”的形象，以吸引世界各地的优秀人才，在确保美国文化安全的同时，也进一步促进美国文化繁荣和经济发展，形成文化与经济相互促进的良性循环。

再结合“一带一路”倡议来看，“一带一路”倡议的实施必然加快推进沿线各国和民族文化交流的进程，文化交流的深度和广度也将前所未有。在加强文化交流的同时，文化风险的大小取决于文化竞争力。因此，中国文化的竞争力决定了“一带一路”倡议中我们的文化风险。就中国文化目前的竞争力而言，仍不能盲目乐观。从中国文化本身而言，一方面，形成中国文化的两大根基——灿烂悠久的传统文化和成果丰硕的当代文化，都有不够完善之处。数千年的中国传统文化的挖掘和推广还远远不够，当代文化的凝练和总结也没有形成共识。另一方面，传统文化和现代文化没有完全融合，形成真正的文化竞争力。构成文化重要基础的价值观念，受到国外一些不良思想的影响，生活中的拜金主义、享乐主义等对一些人群特别是青少年产生了较大影响，并在一定程度上影响了中国自身文化的继承和发扬。对比美国文化的情况不难发现，中国在“一带一路”倡议中防范文化风险，必须高度重视中国文化竞争力这一关键因素。

（二）“一带一路”沿线国家文化的意愿和竞争力

“一带一路”文化风险涉及的另一大主体是外国文化。外国文化是否愿意参与“一带一路”文化交流中来，是否有足够的能力走出自己的国门去影响中国文化甚至冲击改变中国文化发展的进程。这也是影响“一带一路”文化风险的重要因素。

从文化交流意愿角度来说，随着世界一体化进程的加快，包括“一带一路”各国在内的国家大多数都比以前更加开放、包容。从目前中国与“一带一路”各国的文化交流情况看，中国与东盟各国、东南亚、非洲等许多国家的交流交往不断增多，“丝绸之路电影节”、“丝绸之路商旅文化博览会”等文化项目都有很多国家参与，这表明相关国家对文化交流意愿的态度是积极的。但是，需要引起关注的是，目前开展的大部分文化交流项目，主要是在“一带一路”各国与中国政府有关部门的推动下开展的，由民间发起的文化交流还比较少。这一现象从侧面反映了“一带一路”沿线部分国家对于与中国的文化交流还不够积极，特别是那些民族宗教问题复杂的国家。宗教问题可能是影响中国与这些国家文化交流的主要因素之一，特别是在信奉伊斯兰教的国家，由于其宗教文化的特点，在与其他宗教或文化交流时，出于保护自身文化的宗教性和民族性考虑，可能会影响与其他民族和宗教文化交流的深度和广度。还有一个不容忽视的问题就是，“一带一路”沿线国家的少数宗教极端分子可能会利用“一带一路”文化交流活动的名义，加强境内外极端势力的勾结，壮大队伍和扩大影响力，进而影响国家文化安全，造成文化风险。

从文化竞争力角度来说，“一带一路”沿线各国涵盖了丰富的传统文化和现代文化。传统文化方面，“一带一路”倡议完整覆盖了四大文明发源地，包括了中国、印度、巴基斯坦、埃及等国家在内的东亚、西亚、南亚、北非区域，这些悠久而又灿烂的传统文化，对所在地区及周边地区产生了深远的影响。但是在当代文化方面，“一带一路”沿线国家以发展中国家居多，当代文化发展相对滞后。而且欧美发达国家的价值观和文化影响力在这些区域影响有限，尚未占据主流文化地位。综合来看，“一带一路”沿线国家的文化整体竞争力不强，目前不会对中国的文化安全构成重大威胁。

（三）中外文化交流机制

文化交流机制也是影响“一带一路”文化风险的重要因素。从现有的文化交流渠道看，“一带一路”文化交流机制仍由各国政府主导，即官方交流平台为主，民间机构、民营企业、文化智库等渠道十分缺乏。这必然导致“一带一路”文化交流受到限制，带来“一带一路”文化沟通不畅的风险。

官方文化交流机制占据主导。目前的“一带一路”文化交流机制主要有两个方面。一方面，继续发挥原有的文化交流平台的作用。例如，中华人民共和国文化部（以下简称“文化部”）与“一带一路”国家相关文化部门继续利用原有的中外国家文化年、孔子学院等活动或机构的合作机制，加强中外各国的文化交流。另一方面，在“一带一路”倡议实施进程中，进一步打造和完善政府间的文化交流机制和平台，构建常态化文化交流机制。2013 年以来，文化部先后组织了丝绸之路国际电影节、旅游节，“一带一路”文化博览会等文化交流活动，积极参与上海合作组织成员国文化部长会晤、中国—中东欧国家文化部长会议、中阿文化部长论坛、中国与东盟“10+1”文化部长会议等高级别文化磋商。2016年12月，文化部制定了《“一带一路”文化发展行动计划（2016—2020年）》。政府在目前的“一带一路”文化交流中发挥了主渠道作用。

“一带一路”民间文化贸易正在探索中发展，但规模较小。民营企业作为对外文化贸易的重要参与者，重心仍偏向欧美等发达国家和地区。虽然在中国政府的鼓励和支持下，中国民营企业与“一带一路”沿线各国文化贸易有所发展，但总体规模不大且数量较少。2003—2013年，中国文化产业海外并购44起。截至2017年，中国文化产业最大的海外并购发生在美国。2012年，万达集团以26亿美元整体收购美国第二大院线AMC影院公司。2014年3月，国务院印发《关于加快发展对外文化贸易的意见》，明确加大财税支持、强化金融服务、完善服务保障等措施，鼓励发展对外文化贸易。但是，目前参与“一带一路”文化贸易的民营企业无论是数量还是规模还有待提升。

第二节 “一带一路”沿线的文化风险案例

本节分别从政府组织和民间组织两个角度进行案例研究，进一步认识和了解“一带一路”沿线的文化风险。

一、“一带一路”文化风险案例——以孔子学院的文化风险为例

（一）项目概况

1. 孔子学院简介

随着中国国际交往的日益广泛，为推动汉语加快走向世界，提升中国语言文化影响力，从2004年开始，在借鉴西方国家推广所在国家语言经验的基础上，中国政府组织在海外设立非营利性教育机构“孔子学院”，旨在增进世界人民对中国语言和文化的了解，发展中外友好关系，促进世界多元文化发展，为构建和谐世界贡献力量。

专栏5-1

孔子学院的主要职能

根据《孔子学院章程》，孔子学院的主要职能是教授汉语和传播中国文化，具体包括：面向社会各界人士，开展汉语教学；培训汉语教师；开展汉语考试和汉语教师资格认证业务；提供中国教育、文化、经济及社会等信息咨询；开展当代中国研究。

---

2. 发展情况

自2004年11月21日全球第一所孔子学院在韩国首尔揭牌以来，孔子学院数量快速增长。根据国家汉语国际推广领导小组办公室（以下简称“国家汉办”）统计，截至2015年9月，在全球134个国家和地区共开设495所孔子学院和1000所孔子课堂。从孔子学院和孔子课堂全球分布上看，

欧洲最为集中，分布在39个国家；非洲分布广泛，但数量最为稀少，33个国家和地区仅60所；美洲的孔子学院和孔子课堂数量最多，共计632所，约占全球总数量的43%[①]。

据国家汉办统计，截至2016年年末，孔子学院已经覆盖51个“一带一路”沿线国家，约占沿线国家总数的78%，共建立134所孔子学院和127个中小学孔子课堂，2016年注册学员达46万人，开展各类文化活动近8000场，受众270万人，受到各国民众热烈欢迎。2010—2017年，孔子学院的发展呈现多元化和专业化趋势，成立了一系列特色孔子学院和特色课程，其中包括中医孔子学院、农业特色孔子学院、纺织服装特色孔子学院、舞蹈和表演孔子学院、音乐孔子学院、饮食文化孔子学院、茶文化孔子学院等，促进了汉语的推广和中华文化的传播。

2016年12月第十一届孔子学院大会期间，专门召开“孔子学院与‘一带一路’建设工作座谈会”、“孔子学院和‘一带一路’建设圆桌论坛”，中华人民共和国教育部（以下简称“教育部”）和福建、广西、云南、贵州、甘肃、宁夏中国6省（自治区）负责人，以及法国、白俄罗斯、埃及等沿线国家孔子学院所在大学校长、中方合作院校负责人，就如何办好孔子学院，更好服务“一带一路”建设大局，进行了深入交流。

3. 主要成效

孔子学院扎根本土，因地制宜、灵活多样地开展语言教学和文化交流活动，在为“一带一路”沿线国家中资企业本土员工提供语言和职业技能培训，特别是发挥智库作用，为中国与沿线国家人文交流、经贸往来等各领域合作提供信

① 资料来源：国家汉办网站，http：//www.hanban.edu.cn/。

息服务、政策咨询等方面，为巩固和夯实与“一带一路”沿线国家的民意基础作出了重要贡献。“一带一路”是中国教育国际合作交流的顶层设计，是在更高层次、更大范围推进教育国际合作交流的重要抓手。目前，境外学习汉语的人数已超过1亿人，孔子学院已成为体现中国软实力的最亮品牌和“一带一路”中外文化交流的重要窗口。

（二）文化风险分析

孔子学院是中国文化走出去的重要平台之一。虽然已经取得了明显成绩，但是在与“一带一路”沿线国家以及其他国家的文化交流中，由于语言体系、民族习惯、社会规范、思维方式等方面存在巨大的文化差异以及自身的问题，孔子学院在中国文化“走出去”的过程中面临的文化风险也应引起足够重视。

1. 中国文化没有真正走出去的风险

孔子学院名义上已经走出国门，进入了“一带一路”沿线国家等100余个国家和地区。但由于一些因素的影响，也存在行至而实不至，没有真正“走出去”的风险。这些风险包括数量风险、内容风险、模式风险、人才风险等方面。

（1）数量风险。孔子学院的办学力量分布不均衡，现有的孔子学院数量最多和最为集中的区域是欧美发达地区，而“一带一路”沿线国家比较集中的亚洲和非洲地区，孔子学院的数量却比较少。国家汉办统计，截至2015年9月，“一带一路”沿线国家设有261所孔子学院和中小学孔子课堂，仅占全球孔子学院和孔子课堂总数的17.46%。这种状况如果不加以改善，无疑会影响中国文化走出去，甚至影响“一带一路”倡议的实施。

（2）内容风险。首先，孔子学院现有的教学内容设置，汉语学习多于文化课程学习。“一带一路”沿线国家孔子学院现有的教学内容根据教学对象和水平的差异有所不同，主要教学指向包括社会人士、中小学生、本科生和研究生的汉语课程学习，但由于设置时间较短，孔子学院课程主要是初中级汉语、商务汉语课程为主，参加孔子学院汉语学习中的一部分成年人和本科生以通过 HSK 考试（中国为测试母语非汉语者的汉语水平而设立的一项国际汉语能力准化考试）为目的，尤其是非洲地区通过 HSK 考试的往往容易获得中国驻非企业等工作机会。虽然语言是文化的重要内容，但如果仅仅停留在语言学习的层面，而没有更高层次文化课程和内容的学习，不利于中国文化的传播。其次，文化课内容设置较少，形式简单而又重复，难以充分吸引受众。以俄罗斯孔子学院为例，目前开展文化课程或活动的形式主要包括：在中国传统节日期间对外宣传中国书法、绘画、茶道、饮食，邀请中医专家讲学，演出民族特色的戏曲、音乐、舞蹈。虽然每年的文化活动次数较多，但是内容都大同小异，绝大部分参与活动的主体为孔子学院教师、学生和驻俄罗斯的中国留学生，还有小部分俄罗斯群众以看热闹居多。从俄罗斯孔子学院的情况可以发现，其教学等活动内容上对中国文化安排不够，文化内容侧重中国传统文化，对中国现代文化的宣传不足，难以达到宣传中国文化，实现中外文化沟通交流的目的。

（3）模式风险。经过十多年的发展，孔子学院的办学模式更加灵活多样，现有的办学模式以中外合作办学为主，通常采用较多的方式是中外高校直接合作办学，即由中国高校与孔子学院所在国家高校联合举办孔子学院。以东道国大学为依托，与该大学的某一个或两个跟汉语教学相关的学院形成战略合作伙伴关系。例如，2015 年 6 月，“海上丝绸之路”孔子学院在泰国博仁大学揭牌，它是博仁大学等 26 家教育机构共同申办的。除此之外，还有中外高校联合跨国公司合作办学，中国高校与外国政府合作办学、中国高校与外国社团合作办学等模式，在一些国家和地区的中小学，还成立了孔子课堂。2006 年，全球首家孔子课堂——泰国岱密中学孔子课堂成立。但是无论采用哪种办学模式，都可能存在合作双方在孔子学院的办学理念、目标定位等方面出现差异，不同的合作方对孔子学院的办学理念也有一定的差异。在孔子学院的日常管理、教学运行等环节中，有序的管理依赖不同文化背景的群体进行有效沟通，跨文化沟通风险便随之产生。如果沟通不畅，小则影响孔子学院的正常运行，难以达到预期的教学目标和文化传播的目的，大则影响孔子学院乃至中国的国际声誉。亚洲和非洲一些国家的高校资金实力有限，合作方的资金基本依靠孔子学院全球总部的直接投入，导致办学规模与资金情况直接相关。欧洲一些国家的孔子学院合作方以营利为目的，利用孔子学院海外办学的特殊性作为其商业发展的机遇。如果不能因地制宜地采用适当的办学模式，可能影响孔子学院的可持续发展。

（4）人才风险。孔子学院作为海外传播中国文化的平台，最核心的优势还是人才队伍。近年来，孔子学院的教师和管理人才队伍在数量和素质上都有大幅提高，但是仍无法满足孔子学院实际工作的需要。从孔子学院的人员构成看，根据现有的人员架构，海外孔子学院的运营管理中有中方院长、外方院长和中外普通管理人员，教师队伍中有中国派出的汉语教师和志愿者、国外的教师和志愿者等。数量方面，由于孔子学院推广的“一院多点”办学模式，即一个孔子学院在东道国的不同地区和高校设立多个汉语教学点，由孔子学院统一管理，统一配置汉语教师及教学资源[①]。这种模式虽然既能满足当地日益增强的学习汉语、了解中国的现实需求，又能有效地节约管理的成本，非常适合非洲多数国家只有 1 所孔子学院的现状，但是教师数量却无法匹配快速增长的学生数量。例如，喀麦隆的雅温得第二大学孔子学院共有 10 个教学点，年注册学生由成立初期 400 多人激增到近 5000 人，但是仅有 5 名中国汉语教师、20 多名中国志愿者教师和 2 名本土教师，教师缺口非常大。由于“一带一路”沿线的亚洲和非洲等欠发达地区办学条件较差、生活条件艰苦，难以从国内招募更多的汉语教师。从教学人员素质方面看，孔子学院的师资主要由中国教师和所在国家教师两部分组成，都存在不同程度的不足。孔子学院师资有 3 个来源：一是中国高校派出的汉语教师是孔子学院教师的核心，虽然大多数具有一定的职称或学历，且通过一定的考核，但是未必所有人都对中国文化有深入的认识，且数量严重不足；二是汉语志愿者教师，他们多数是汉语国际教育专业硕士或语言学应用语言学的硕士研究生，大多只是辅助中国教师开展语言教学工作；三是所在国的教师，他们能熟练使用当地的语言，但对于中文掌握的程度有不同程度的差异。特别是“一带一路”各国，英语普及程度不高，能使用中文和所在国语言直接沟通的人才较少，大多需要通过英语作为第三方语言进行教学，这大大影响了教学效果。

2. 不被接受的风险

2014 年，瑞典斯德哥尔摩大学与复旦大学合作开办的孔子学院的协议到期，外方院长退休，学校人文学院一些教

---

① 徐丽华：《非洲孔子学院：检视、问题与对策》，《浙江师范大学学报（社会科学版）》，2012 年第 6 期。

授要求不再与中方续约，得到校长同意。近年来，还曾经出现美国驱逐孔子学院教师、英国伦敦抵制孔子学院等情况，这些现象尽管只是发生在少数国家的个案，但足以说明孔子学院不被接受的风险已经开始暴露，对“一带一路”沿线国家的孔子学院也产生了负面影响。具体来看，这些风险包括：政治制度风险、民族文化风险、法律约束风险。

（1）政治制度风险。政治制度和政治文化的差异是孔子学院在海外发展受到限制的重要因素之一。由于孔子学院的管理机构是中国政府部门机构的国家汉办，加上中国日益上升的经济地位，在国外媒体和部分人士的解读下，孔子学院被认为是“顺应中国意识形态需求，缓解中国社会矛盾，为中国高校走向世界提供平台”。丹·斯达尔在《欧洲教育期刊》中将孔子学院成立办学目的阐释为：“中国政治诉求的一种表现”，认为这是“中国政府谋求政治合法性，改善不佳形象的一种表现”①。澳大利亚媒体把孔子学院解读为“一种文化宣传机器而其他国家无类似文化机构。”从经济角度看，孔子学院现有的推广方式是典型的“赔本赚吆喝”。根据孔子学院章程对经费的规定，新开办的中外合作设置的孔子学院，建设和启动经费由中国国家汉语国际推广领导小组办公室全部承担，年度项目经费由外方承办单位和中方共同筹措，双方承担比例一般为1∶1。此外，合作的中方高校及其所在地区还承担了孔子学院部分日常运行资金或物资。在欠发达的“一带一路”沿线国家，中方承担的资金更多。例如，2013年起，江西省财政厅设立“江西省汉语国际推广专项资金”，用于推广江西省在海外的孔子学院

① 刘扬：《境外孔子学院语言文化传播的困境及对策》，《新闻世界》，2013年第4期。

项目建设。而截至 2013 年 7 月，江西省已在海外建成包括南昌大学负责筹建的法国“普瓦提埃大学孔子学院”、印度尼西亚“哈山努丁大学孔子学院”，江西师范大学负责筹建的马达加斯加“塔那那利佛大学孔子学院”、美国“伊利诺伊大学香槟分校孔子学院”，九江学院负责筹建的柬埔寨“王家学院孔子学院”、美国“萨凡纳州立大学孔子学院”等 6 所孔子学院。为建立健全多渠道资金的投入机制，专项资金在来自于江西省财政拨款的同时，也鼓励高校拓宽资金渠道，吸引海内外企业、个人和其他社会力量对汉语国际推广的资金支持①。来自中国政府、高校、企业、个人多个方面不计成本的资金支持，加上中国大国形象的树立以及政治制度和意识形态的差异，极可能产生对设立孔子学院的误解甚至抵触。

（2）民族文化风险。民族文化的差异是孔子学院在海外面临的普遍问题。在“一带一路”沿线国家孔子学院发展较慢，其中的重要原因之一就是民族文化差异性较大。“一带一路”沿线国家独特的民族宗教文化和风土人情，造就了不同国家和民族在风俗习惯、宗教信仰和文化背景的千差万别。通过孔子学院推进“一带一路”倡议中不同文化的融合和中国文化的“走出去”，孔子学院在世界各国进行文化推广和交流的同时，中外文化之间的对抗和竞争也日益明显，难免会与东道国的文化发生矛盾。在这个过程中，有些国家或高校为了避免本土文化受到冲击，在对待孔子学院的态度上也愈发保守。由于孔子学院主要由中外政府层面自上而下设立，而不是由民间主动发起成立，这就给部分人士

① 《江西设专项资金支持汉语推广，海外已建 6 所孔子学院》，网易财经，http：//money. 163. com/13/0729/15/94VAA62F00254TI5. html。

造成政府强势宣传中国文化的感觉，以致民间可能产生对孔子学院的防备甚至抵触的情绪，对孔子学院的落地和发展产生了极大挑战。民族文化风险在孔子学院教学内容上也有所体现。“一带一路”沿线国家孔子学院的受众文化和地域差异较大，不同地区不同民族对中国文化的认识和对中国文化的需求种类、程度也会有所不同，而孔子学院现有的教学内容设置、教材编排，主要依靠中国教师的安排和个人素质，由于教师的素质参差不齐和任教时间期限，孔子学院的教学质量和效果起伏不定，难以得到保证。

（3）法律约束风险。目前，不少国家为扩大国家文化的软实力，鼓励通过多种渠道在境外推广本国文化，影响力较大的语言文化教育机构有法国“法语联盟”、德国“歌德学院”、西班牙“塞万提斯学院”以及中国“孔子学院”。各国在纷纷对外大力宣传推广本国文化的同时，也更加重视对本国语言和文化的保护，将保护本国语言和文化提高到国家安全高度，甚至通过相关法律法规进行明确。孔子学院在“一带一路”沿线的一些国家或地区的活动，受到了当地法律法规的严格限制，影响了其作用的充分发挥。以俄罗斯的孔子学院为例，2010 年，俄罗斯雅库茨克孔子学院被要求关闭，此时距离该学院成立仅 1 年时间。当地安全机构认为雅库茨克靠近北极圈，常年温度极低，孔子学院在此成立理由不充分，有可能危及国家经济文化安全。2015 年，俄罗斯布拉戈维申斯克国立师范大学孔子学院被要求停止所有活动。所在地区的检察机构认为该国法律没有授予孔子学院聘请外籍教师从事教学活动的权利，而且在孔子学院的教学内容中单独设置了文化课程，有外国文化宣传的情况，不符合俄罗斯联邦法律对专门文化机构的相关规定。通过中国政府与俄罗斯相关部门的沟通协调，孔子学院虽然获准继续运营，但是俄罗斯为确保国家文化安全，对该国境内所有的孔子学院都进行了严格审查，对孔子学院的教师管理、教学内容安排和文化宣传活动等诸多方面做出了详细而严格的要求①。

（三）对“一带一路”沿线文化风险的启示

从上述案例中可以发现，孔子学院的发展虽然取得了显著的成绩，但其存在的多种风险仍不容忽视。特别是在“一带一路”沿线国家，孔子学院的发展仍有许多需要完善之处，对于促进“一带一路”中外文化交流有着重要意义。一方面，抓好“一带一路”沿线国家孔子学院的自身建设，是防范风险的基础。要想实现中国文化真正“走出去”，作为中国文化重要品牌的孔子学院需要加强自身建设。另一方面，要加强孔子学院与所在国家或地区的沟通与协调，根据东道国文化的情况做好有关工作。

一是要增加在“一带一路”沿线国家的孔子学院数量，尽快做到沿线国家全覆盖。目前，美国和英国的孔子学院占全球孔子学院总数的一半，而“一带一路”沿线国家不仅数量少，还有十几个沿线国家还没有孔子学院，这不利于“一带一路”倡议的实施和推进。确保一定数量的孔子学院是防范文化风险的必要前提。

二是要加强在“一带一路”沿线国家孔子学院的师资队伍建设。一方面，要营造良好的舆论环境，从国内大学培养选拔更多的人才，特别是既掌握有关国家语言，又有一定中国文化造诣的优秀教师，鼓励他们到“一带一路”国家从事孔子学院的语言文化教育工作。另一方面，依托国外高

① 韩丽君、牟岱：《孔子学院文化传播的困境与应对——以俄罗斯大学的孔子学院为例》，《人民论坛》，2016年第11期。

校等教育或社会机构，充分挖掘掌握汉语和本地语言的本土教师，华人华侨以及从事经贸、留学等活动的优秀人才，加入到孔子学院的教师队伍中来。

三是要结合各个国家的实际情况，确定孔子学院的办学定位。坚持统筹规划、合理布局，进一步形成多层次、多样化、广覆盖的“一带一路”孔子学院发展格局。具体办学过程中，因地制宜做好孔子学院的工作。例如，在中文基础薄弱的国家和地区，建设以语言教学为主的孔子学院；在经贸往来较多，东道国受众中文应用需求较大的国家和地区，建设以汉语教学与职业运用能力并重的孔子学院；在具有一定中文基础或中文条件较好的区域，建设以传播中国传统和现代文化为主的孔子学院。

四是结合所在国家情况，改革孔子学院经营模式。目前孔子学院经营模式可大致分为汉办项目型、基金捐助型和产业经营型3种。其中，以汉办项目型为主。在实际效果情况看，中国政府主导汉办项目型，由于具有官方性质，使得一些国家怀疑孔子学院的办学动机包含政治意图和意识形态内容，进而抵制孔子学院开设。在“一带一路”沿线国家，需要分类经营孔子学院。在经济条件较差的地区，如非洲和亚洲的一些国家，孔子学院的资金筹集和项目管理仍以国家汉办为主；在有一定经济基础的地区，孔子学院可以采用汉办项目型和产业经营型为主；在经济条件较好的日本、韩国等发达国家，孔子学院可以采用基金捐助型和产业经营型为主，汉办项目为辅的方式，加强与非政府组织的广泛合作办学。

五是加大编写本土教材力度，构建教学质量体系。目前，虽然全球各孔子学院的教学工作没有统一的具体规定，这考虑了地区间孔子学院实际情况的差异，但缺乏统一的教学大纲、教材等，孔子学院的教学质量难以得到保障，教学效果也无法评估。因此，必须改变孔子学院教学质量随着教师的变动而大幅波动的现状：一方面，有必要对孔子学院的教学大纲进行原则性的规范和统一，构建中外双方管理人员、教师、学生等人员管理机制，以保障管理效率和教学质量；另一方面，在充分了解调研本地文化风俗、受众需求等情况的基础上，组织国内外相关专家学者以及在孔子学院任教的教师，使用所在国家语言文字共同编写针对不同水平学生的教材或学习音像资料。教材既要结合东道国社会文化习惯，反映中国文化的精髓和特点，又要兼顾规范性、系统性和趣味性。

六是加强对所在地区民族文化和法律法规的了解和认识，更加主动融入当地社会。首先，处于多元文化背景下的孔子学院，需要在彼此互相尊重、求同存异的基础上，加强沟通协商和交流，进而在孔子学院内部建立共同的、统一的价值观，实现文化认同。其次，需要建立文化风险防范机制。孔子学院的管理人员和教师，特别是中方人员，应该主动学习了解当地的文化、生活习惯、风土人情、法律制度等，避免在孔子学院的运营管理、教育培训、对外宣传等活动中，直接照搬中式思维和管理模式，防止出现“水土不服”的现象。

二、“一带一路”文化风险案例——以吉利收购沃尔沃汽车中的文化风险为例

瑞典位于“丝绸之路经济带”俄罗斯、哈萨克斯坦一线的北端，是欧洲发达国家之一。中瑞关系发展势头良好，经贸往来频繁。2014 年，两国贸易额是 1950 年建交时的 4600 余倍，瑞典在华投资企业有 500 多家，逾万家企

业从事对华贸易。近年来，越来越多的中国企业也来到瑞典，瑞典已成为中国在欧盟投资的主要目的地国之一。"一带一路"倡议的提出与推动，加速了这一发展势头。2015年6月，"一带一路：中瑞关系未来65年的发展机遇"被作为中瑞建交65周年系列活动的主题之一。"一带一路"倡议的机遇与挑战并存，其文化风险不仅存在于孔子学院等文化类机构，企业作为现代经济的基本细胞，在"一带一路"沿线国家的经贸活动也面临着文化风险。例如，联想集团收购美国IBM的PC业务，TCL集团收购阿尔卡特手机部门，吉利集团收购瑞典企业沃尔沃等等，一些企业的跨国经营、并购活动，由于文化冲突没有达到预期目的，有些甚至以失败而告终。下面，结合吉利并购瑞典企业沃尔沃这一典型案例，具体分析"一带一路"沿线中的文化风险。

（一）项目概况

2010年3月28日，浙江吉利控股集团（以下简称"吉利"）与美国福特汽车公司在瑞典哥德堡签署了正式协议，吉利以18亿美元从福特公司手中购得国际知名汽车品牌——瑞典沃尔沃汽车公司100%的股权，包括拥有沃尔沃品牌、9个系列产品、3个最新车型平台、沃尔沃核心知识产权所有权和使用权、沃尔沃2400多个全球销售及服务网络、全球供应商体系以及研发人才等等。自此，中国民营汽车制造企业——吉利成为中国首家真正意义上的跨国汽车集团。2010年8月2日，在伦敦举行了标志着吉利完成收购福特沃尔沃业务单元的交割仪式。收购完成后，吉利保留了沃尔沃原有的设备和工厂，基本没有变动管理模式。沃尔沃在吉利手中逐渐扭亏为盈，盈利能力持续上升。

专栏 5-2

吉利集团与沃尔沃概况

浙江吉利控股集团始建于1986年，做冰箱配件起家，期间辗转进军高档装潢材料与摩托车行业，于1997年正式进入汽车行业并成为中国第一家民营轿车企业。近年来，企业发展迅速，已跻身于全国汽车行车十强，并且是国内汽车行业十强中唯一一家民营轿车经营企业。2003年首批吉利轿车出口海外，实现吉利轿车出口“零的突破”。自2007年，吉利提出战略转型构想，其在国内建立了完善的汽车营销网络，在海外建有近200个销售服务网点；在中国上海、瑞典哥德堡、西班牙巴塞罗那、美国加州设立了造型设计中心，构建了全球造型设计体系；在瑞典哥德堡设立了吉利汽车欧洲研发中心。吉利连续6年进入世界500强，连续12年进入中国企业500强，连续9年进入中国汽车行业十强，是国家“创新型企业”和“国家汽车整车出口基地企业”①。

沃尔沃集团由古斯塔夫·拉尔森和阿瑟·格尔布森于1927年在瑞典哥德堡创建，是瑞典最大的工业企业，也是北欧最大的汽车生产企业，更是世界20大品牌汽车企业之一。随着业绩的下滑，1999年，沃尔沃集团决定将旗下的汽车业务出售给美国福特公司，沃尔沃汽车成为福特的全资子公司。然而，在福特的领导下，沃尔沃汽车没有得到更好地发展，相反福特公司自身也出现了巨额的亏损。不堪重负的福特公司为了能够更好地发展自身核心业务，提出了“一个福特”的战略规划，决定精简业务体系，开始出售旗下的其他汽车品牌，沃尔沃汽车即是其中之一。

（二）文化风险分析

吉利收购沃尔沃在社会上引起了很大的轰动，这是中国

① 资料来源：吉利集团官网，http://www.geely.com。

企业第一例成功整体收购国外企业，也是第一次拥有全球知名汽车品牌。欣喜过后，问题随之而来：两家不同文化背景的企业能否实现真正的融合。吉利与沃尔沃最终会走向“貌合神离”还是“心灵相通”？人们开始怀疑在品牌价值、核心技术等诸多方面不占优势的吉利集团，如何去管理一家具有八十余年历史的世界知名企业，怎样去理解和整合两者之间巨大的文化差异。瑞典工程师联合会主席也同样表达了对文化方面的担忧：“我们对一家中国汽车企业收购沃尔沃有很多担忧，最主要的担忧来自于吉利是否理解沃尔沃的文化——沃尔沃的品牌价值，沃尔沃员工的工作方式等，这对于未来做出正确的决定十分重要。”这不仅仅是瑞典人的关注和担忧，其中的巨大差距也被吉利所认可。吉利董事长李书福也称：“吉利收购沃尔沃就相当于一个中国农村的穷小子娶到了一位世界级女明星”。吉利收购沃尔沃的文化风险突出表现在两个方面，即国家文化风险和企业文化风险。

1. 国家文化风险

国家文化的差异，是企业跨国行为中必须要考虑的风险因素。一个国家的语言特点、民族文化、价值观念、法律制度等，对企业的跨国行为产生间接而又重要的影响。

语言文化的风险。沃尔沃总部设立在瑞典哥德堡，其总部员工以瑞典人为主，内部以瑞典的官方语言——瑞典语为主。同时，沃尔沃是全球知名汽车品牌，因为拥有较多的海外市场，工作中也使用英语。吉利集团作为中国本土企业，虽然自2003年开始经营汽车出口业务，但出口量一直占比极低，而且销售地区以亚洲和东欧为主，在工作中主要使用汉语，极少使用英语，更不涉及瑞典语。因此，两者在沟通协调时会产生一定语言障碍。此外，瑞典属于低语境文化国家，重视细节，以逻辑和直线思维为主，而中国属于高语境文化国家，表达含蓄婉转，常通过表情等非言语行为传递大量的信息，因语言交流过程中的词不达意、信息传递不准确等语言文化冲突，对吉利和沃尔沃带来的风险难以避免。

民族文化风险。民族文化是其历史发展过程中创造的有本民族特点的物质和精神文化，从而形成有别于其他国家或民族的文化观念。瑞典是典型的北欧国家，瑞典人主要是日耳曼民族后裔，历史上的瑞典民族文化背景有显著的同质性。据统计，截至1930年，瑞典血统的人口占瑞典总人口的比例高达99%。第二次世界大战后，瑞典外来移民有所增加，但瑞典血统人口仍占总人数的90%左右[①]。民族结构的单一对于保持国家民族文化的传承有较好的作用，瑞典人普遍有宗教信仰，主要信奉基督教。中国自古以来就是多民族国家，有宗教信仰人口比例在10%左右，处于较低水平。民族文化的差异会对吉利和沃尔沃产生潜在影响。

价值观念风险。瑞典作为西方发达国家之一，也是高福利水平国家，瑞典人崇尚人本主义思想，崇尚自由、民主，强调个人的正面本质和价值。美国著名心理学家特里安第斯将瑞典文化的核心概括为"平面式个人主义"，崇尚与其他人的地位相对平等，同时突出实现个人独立和个人成就。瑞典人普遍仅在法定时间内工作，闲暇时间进行体育锻炼、户外活动等，没有长期加班的习惯。中国长期受儒家文化和集体主义价值观的影响，注重个人服从集体，主张在实现社会价值的过程中去实现个人价值，崇尚吃苦耐劳精神，"5 + 2"、"白加黑"式的工作方式并不少见，国内一些地区和企业甚至十分推崇。价值观念的显著差异，给并购后的吉利与沃尔沃之间的文化整合带来很大的挑战。

---

① 杨洪贵：《瑞典多元文化初探》，《欧洲研究》，2006年第5期。

法律制度的风险。在吉利并购沃尔沃项目中，劳工法律是影响较大的法律制度之一。根据瑞典相关法律法规，涉及劳工问题，应由政府、工会和企业之间进行磋商，工会组织在涉及劳工问题上有很大权力。如果企业对员工的工作进行重大调整，需要与企业工会进行谈判。由于中国与瑞典劳工制度的巨大差异，在吉利并购沃尔沃过程中，瑞典政府和沃尔沃汽车工会对收购之后当地的就业机会，沃尔沃汽车的劳工数量、收入水平以及可能涉及的法律风险进行评估。如果吉利在收购沃尔沃时试图进行个别或部分员工岗位或薪酬待遇的大幅调整，会遭到当地法律、沃尔沃汽车工会和员工的重重阻力，影响收购进度。

2. 企业文化风险

企业文化是企业经过较长时间形成的，被企业大多数成员认可并遵守的共同意识、价值观念、行为规范等的总称。对于跨国企业而言，一方面受到国家文化的间接影响，另一方面企业文化的差异更加直接，更容易发生文化碰撞。与国家文化相比，许多企业在并购海外企业或寻找合作对象时，更加看重双方的企业文化是否存在严重的冲突。

战略文化风险。企业发展战略是企业长期追求的目标和精神的高度概括。沃尔沃汽车作为拥有八十余年历史的世界知名豪华汽车，被誉为世界上最安全的汽车，企业一直以来追求的安全性能，已经成为沃尔沃汽车的标签。吉利集团作为中国民营第一家造车企业，在并购沃尔沃之前将吉利定位在“造老百姓买得起的好车”。沃尔沃和吉利两者目标定位差距极大，一个走高端路线，另一个走平民路线。在具体的发展路径方面，两者冲突也并不少。例如，在中国市场发展方面，吉利追求在短时间内扩大产能，根据中国消费者的偏好引进大车型，提升中国市场份额。沃尔沃高管则认为增长速度不应该是放在第一位的目标，而应该严把质量关，引入中小车型，节约资源，降低损耗，保护环境。

管理文化风险。人与人之间的平等是瑞典十分重视的理念，沃尔沃汽车的管理文化也能够反映这一点。在沃尔沃管理文化中，管理层应该平等对待每名员工，把公司的经营状况和每一名员工的自身发展紧密联系，帮助员工实现自身的价值，从而实现企业的发展。公司在作出重大决策之前会认真听取工会代表和员工的意见，充分调动员工的个人积极性，将以人为本的理念贯彻到公司管理工作中。而包括吉利在内的中国企业却不相同，公司大型决策权往往掌握在公司大股东和核心管理层手中，普通管理层和员工更多地是扮演执行人的角色，只需服从公司决策。中国企业通过自上而下的方式，在完成企业价值的基础上，实现员工的个人价值。首先对股东和管理层负责，再考虑员工个人。而沃尔沃则是自下而上，将对员工负责放在首要位置，其次才是企业层面。

（三）对“一带一路”文化风险的启示

从上述案例中可以发现，吉利成功并购沃尔沃汽车之后面临的文化风险是亟待解决的问题。随着“一带一路”倡议的持续推进，中国与沿线国家的企业合作、并购或跨国经营等活动会越来越频繁。吉利并购沃尔沃的案例对于中国企业克服文化风险，更好地实现“走出去”、加强中外企业的跨文化交流有着重要借鉴。

1. 要加强员工语言和跨文化培训

语言是沟通的基础。沃尔沃的员工主要用英语交流，而吉利的员工主要用汉语沟通，这对两方的经营协作十分不利。并购后，吉利作为一家跨国企业，需要国内外的员工具有沟通的基本能力，这也是对“一带一路”企业的跨文化交流提出的基本要求。首先，英语是国际通用语言，培训现有国内员工的英语水平或引进具有较好英语水平的员工。国外员工也应加强汉语学习，提升汉语的应用交流能力。其次，在语言培训的基础上，加强国内外文化的学习，以实现更深层次的交流。例如，吉利在国内与沃尔沃经常有工作联系的管理人员和相关员工，应该对瑞典人民的民族文化、性格特点和处事方式等加强学习了解。沃尔沃的员工也需要对中国文化加深认识。具体方式可以通过企业组织相关人员开设语言文化专题学习，双方互派员工进行工作交流等，在较短时间内实现文化的融合，减少文化摩擦。

2. 加强法律文化和有关规章制度的学习

不同国家和地区之间的法律文化差异很大，如果不能很好地处理这个问题，在企业跨国经营等活动时会面临重重困难。“一带一路”沿线各国对企业的各项活动的规定差异较大，在企业跨国经营的过程中，需要双方注重学习，尊重对方国家的法律法规。例如，劳动法规。沃尔沃所在的瑞典十分重视劳工合法权利的保护，对企业违反工会签订的集体劳动协议以及其他途径侵害员工权利的行为制定了严格的惩罚措施。瑞典绝大部分企业员工都加入了企业工会，由 16 个工会组成的瑞典工会联盟有会员近 200 万人，是瑞典最大的组织。工会组织经常代表会员在薪酬待遇、福利保障和工作条件等方面，与企业进行协商谈判。这种工会制度在欧洲国家比较普遍，国家对工会组织的合法活动都十分支持。因此，如果对“一带一路”沿线国家的企业进行合作、兼并等活动时，需要特别注意处理好与工会等劳工组织的关系，遵守相应的法律法规。

3. 结合企业情况，整合形成新的企业战略文化

“一带一路”国家相关企业在实现跨国兼并重组之后，如何调整各自的企业战略，形成新的战略文化变得十分重要。吉利实现并购沃尔沃之后，发现双方原有的战略文化差异很大。如何将沃尔沃企业对“世界上最安全的汽车”以及环保健康的理念与吉利定位的“造老百姓买得起的好车”进行整合，是吉利和沃尔沃面临的重要问题。为此，吉利在尊重沃尔沃原有企业价值理念的基础上，进一步加强对沃尔沃品牌的理解。认识到沃尔沃汽车品牌的核心价值在于其一直以来对安全、环保、品质目标的追求。吉利希望在延续沃尔沃核心理念的同时，提升吉利品牌的影响力，形成企业新的战略目标和企业文化。最终将吉利的企业文化从“造老百姓买得起的好车”提升为“造最安全、最环保、最节能的好车，让吉利汽车走向全世界”。后者，既反映了沃尔沃汽车原有的品质特点，也成为吉利品牌发展战略的体现，新的企业文化得到了吉利和沃尔沃的认可。

4. 企业管理文化的整合

在新的企业战略文化形成之后，需要进一步整合企业管理文化。在双方的企业文化都不完善，并且没有一方取得绝对优势的情况下，需要对双方企业文化的精华部分加以融合，培育出一种全新的企业文化。如何对两家具有不同管理文化的企业进行整合，宏观方面关系到新的战略目标能否达成，最终实现“1+1 > 2”还是“1+1 < 2”的效果。微观方面关系到新的企业能否高效运转。管理文化整合对于本身具有多元文化特点的“一带一路”国家相关企业更为关切。吉利在并购沃尔沃之后，一方面，十分注重尊重和保持沃尔沃汽车的相对独立性。吉利曾在公开场合表示，沃尔沃的先进管理经验造就了沃尔沃的品牌，脱离了原有的管理团队，沃尔沃就不再是沃尔沃。基于这种想法，吉利没有直接

介入沃尔沃的日常经营管理，而是充分尊重沃尔沃管理团队的意见。另一方面，吉利通过更深层次的管理理念和管理文化的整合，努力实现双方的互补。吉利将自身的成本管理优势和沃尔沃先进的核心技术、高端品牌相结合，帮助沃尔沃通过采购中国工厂生产的零部件降低生产成本、扩大生产规模和开拓中国市场。同时，加快吉利汽车生产技术的更新换代和品牌品质的升级，确保沃尔沃管理文化的延续性和吉利文化的提升。

吉利在并购沃尔沃之后，利用沃尔沃原有的海外网络，拓展了吉利海外销售服务网点，在沃尔沃所在的瑞典哥德堡设立了吉利汽车欧洲研发中心，并联合沃尔沃在中国上海、瑞典哥德堡、西班牙巴塞罗那、美国加州设立了造型设计中心，构建了全球造型设计体系。沃尔沃借助吉利在国内的本土优势，加快构建沃尔沃汽车营销网络，在中国上海、台州、大庆、成都建立了4个沃尔沃国内生产基地。吉利和沃尔沃汽车的产销量、利润都屡创新高。2009—2016年，吉利汽车年销售数量从32.54万辆增长到76.59万辆，增幅达135.4%；净利润从11.82亿元人民币增长到45.2亿元人民币，增幅达382.4%；沃尔沃汽车年销售数量从33.48万辆增长到53.4万辆，增幅达159.5%；营业利润从亏损到盈利110亿瑞典克朗[①]。吉利和沃尔沃实现共赢的结果，两家企业较为成功的文化风险处理功不可没。

---

① 资料来源：吉利集团和沃尔沃汽车公开的年报数据。

第三节
“一带一路”沿线的文化风险对策

根据前面对“一带一路”文化风险的介绍，以及孔子学院和吉利沃尔沃项目案例的分析，我们可以发现，文化风险是“一带一路”倡议实施过程中客观存在的风险之一，无论是文化机构、企业，还是政府或其他的主体，在参与“一带一路”建设，为中国文化“走出去”、中外文化沟通交流提供良好机遇的同时，也应对其中的文化风险高度重视，并采取积极的态度予以应对，安全有效地推进“一带一路”倡议的实现。为此，可以着重考虑以下几个方面。

一、打造中国文化的核心竞争力

从根本上看，“一带一路”文化风险的大小取决于国家文化是否拥有足够强大的核心竞争力。核心竞争力越强，面临的文化风险越小，反之则风险越大。打造中国文化核心竞争力，降低“一带一路”文化风险的关键在于从传统文化入手，充实中国文化的内容，打造中国特色的社会主义文化，为中国文化注入生机活力，增强文化的向心力和凝聚力，才能保持中国文化的经久不衰，经受住各种风险和考验。

（一）传承中国优秀传统文化

中国传统文化是中国文化的精髓和根系所在，是中华民族几千年文明的高度集中和总结，反映了中国文化与众不同的精神特质。结合中国优秀传统文化在几千年历史中传承过程，构建制度化、精英化、大众化的传承体系对于继承和传播中国优秀的传统文化至关重要。

1. 加强中国优秀传统文化的制度性传承

通过政治制度、法律法规等方式，使传承制度化成为优秀传统文化传承的核心方式。首先，要使文化意识形态形成一个文化标识，成为社会核心价值观的重要组成部分。具体方式是，通过国家机关制定相关文化法律法规，将传承优秀传统文化列入中央到地方各级政府层面的文化发展规划，保护传统文化物质或精神遗迹等等。其次，将文化与制度设计有机结合，形成稳定的文化秩序。突出现有教育制度中传统文化教育的作用，通过学校理论教育和实践教育，形成优秀传统文化精神传承的良好氛围，推进文化全面复兴。

2. 加强中国优秀传统文化的精英化传承

精英是社会的中坚力量，其行为活动在社会中起着表率作用，对社会各阶层有着极大的示范作用和影响力。在传承中国优秀传统文化的过程中，需要聚焦各行各业的社会精英，通过他们对中国优秀传统文化的语言、行为的诠释和解读，引领社会大众实现文化传承。首先，提升社会精英的传统文化水平。各类社会精英并不一定都在传统文化方面有很深的造诣或水平，通过正确的引导，培养他们对中国传统文化的认知和掌握。其次，要培养社会精英文化传承的责任意识，通过精英人士的谨言慎行和率先垂范，意识到自身的社会责任。

3. 加强中国优秀传统文化的大众化传承

优秀传统文化的大众化传承，是文化传承最接地气的方式。中国优秀传统文化通过制度化建设，社会精英的示范作用，最终的目的是在社会大众中引起共鸣，逐渐成为普罗大众日常生活的原则与依据，成为约定俗成、根深蒂固的生活理念和价值取向。首先，要使传统文化内容大众化。用最通俗易懂的方式和语言对中国优秀传统文化进行概括、凝练和总结。社会各类精英一般具有较高的文化知识水平，具备引经据典学习中国传统文化的基础和条件。普通大众的文化水平和接受能力参差不齐，因此需要使用言简意赅、通俗易懂的内容来传播传统文化。其次，要使传统文化传播方式大众化。大众化传承的主体是大众，中国传统文化的传承方式也应该大众化，最为常见的有乡规民约、民风民俗以及家庭家风等等，一旦形成会对社会大众形成一种无形的共识和道德规范，并且容易得到较好的传承。

（二）建设中国特色社会主义文化

中国特色社会主义文化是反映先进生产力发展规律及其成果的文化，是源于人民大众实践又为人民大众服务的文化，是继承人类优秀精神成果的文化，具有时代性、民族性和科学性。因此，构建中国特色社会主义文化需要在传承中国优秀传统文化的基础上，融合当代中国文化，形成具有中国特色的社会主义文化。

1. 要坚持中国共产党对中国特色社会主义文化的引领地位

党的十八大报告指出：“建设社会主义文化强国，必须走中国特色社会主义文化发展道路，坚持为人民服务、为社会主义服务的方向，坚持百花齐放、百家争鸣的方针，坚持贴近实际、贴近生活、贴近群众的原则，推动社会主义精神文明和物质文明全面发展，建设面向现代化、面向世界、面向未来的，民族的、科学的、大众的社会主义文化。”虽然在“一带一路”文化交流中我们不刻意强调中国文化的意识形态，但是当代我国社会主义的经济和政治决定了中国特色社会主义先进文化，是以社会主义核心价值体系为灵魂的，必然是由中国共产党引领的。

2. 要加强中国特色社会主义文化自觉

文化自觉体现了文化主体对自身文化特性的认识，明白自身文化从哪里来又将往哪里去，并自觉承担起文化责任。首先，要实现中国特色社会主义文化认同感。在全球化、网络化、信息化的背景下，不同文化之间的交流更加频繁，拜金主义、诚信缺失、道德滑坡等问题，以及西方价值观念对中华民族的文化身份、中国特色社会主义文化的认同感提出了挑战。其次，要唤醒人民群众的中国特色社会主义文化自觉意识。文化自觉要解决中国特色社会主义文化的大众化问题。要使用现代文化传播方式，以灵活多样、雅俗共赏、创意新颖的形式，组织开展丰富多彩的活动，用人们喜闻乐见的方式弘扬社会主义核心价值观，使中国特色社会主义文化成为人民群众自觉行为。

3. 要提升中国特色社会主义文化自信

坚定中国特色社会主义道路自信、理论自信、制度自信，说到底是要坚持文化自信。习近平总书记指出：“文化自信，是更基础、更广泛、更深厚的自信。在五千多年文明发展中孕育的中华优秀传统文化，在党和人民伟大斗争中孕育的革命文化和社会主义先进文化，积淀着中华民族最深层的精神追求，代表着中华民族独特的精神标识。”这深刻指明了中国特色社会主义文化是在继承中国优秀传统文化、革命文化和当代社会主义文化的基础上，不断进行文化建设、文化融合、文化创造的成果。同时，中国特色社会主义文化也借鉴了世界其他优秀文化。中国特色社会主义文化，是人类共有的精神财富。因此，在“一带一路”建设中要进一步增强对中国特色社会主义文化的自信。

二、把握“一带一路”文化主导权

在“一带一路”框架内，沿线六十余个国家在文化交流过程中需要构建一个文化交流体系，国家文化实力的强弱决定主导权的大小。中国作为“一带一路”倡议的主要倡导者和发起国，应该在提高自身文化竞争力的基础上，塑造中国文化形象，着重增强中国文化在“一带一路”倡议中的主导权，以抵御和防范文化风险。

（一）加强中国文化对外传播建设

“一带一路”中的中国文化传播形式是多样的，不同的传播渠道有着不同的特色和优势。可以通过国家双边或多边文化交流项目的形式，也可以通过对外文化教育机构的平台作用，还可以通过媒体平台的作用。

1. 继续发挥国际国内文化交流活动的作用

国际国内相关的文化交流活动仍是中国对外传播的主要方式之一。首先，形式上要在开展双边或多边的“文化年”活动的同时，依托“一带一路”国际文化博览会、丝绸之路国际电影节等活动平台，加强各国文化交流频次和质量，探索官方、民间不同层次的多途径文化交流。其次，内容上要把中国核心文化价值观念有机融入文化活动中，讲好中国故事。将对外文化传播的形式与内容结合起来，以增强文化传播的有效性。最后，在活动设计上，要结合国外参加者的民族宗教、语言文化等制定合适的活动方案，以增强文化传播的针对性。

2. 充分发挥孔子学院等对外文化教育机构的平台作用

与文化交流活动的临时性不同，孔子学院、海外华侨书屋和海外文化中心等文化教育机构是常设的文化平台。在现有的平台中，孔子学院是目前规格最高、传播最广、影响力最大的对外文化教育机构。从上述案例分析中，我们可以注意到孔子学院在“一带一路”沿线国家的建设力度还比较欠缺，无论是数量还是教学质量，仍不能满足“一带一路”中外文化交流的实际需要。因此，需要根据国家和民族文化特点，尽快加强“一带一路”沿线国家的孔子学院发展规划，使孔子学院为促进“一带一路”倡议实施提供更多的支持。

3. 利用好媒体作用，提高中国文化传播力度和广度

媒体是文化传播的主渠道，随着媒体产业的发展，媒体形式日益多元化。传统的媒体形式包括报纸、广播、电视等，现代的媒体形式有互联网、手机媒体等，这些都成为中国文化对外传播的重要媒介和载体。首先，要巩固原有的报纸、广播、电视等传统媒体。中老年群体以及“一带一路”沿线中的欠发达国家，仍以传统媒体为主，中国文化的传播应该继续加大广播、电视在这些群体和国家中的作用。其次，在青少年群众和“一带一路”沿线中网络基础设施较好的国家，可以充分利用互联网、手机等新兴媒体，达到更好的传播效果。

（二）培养挖掘跨文化人才

把握“一带一路”文化主导权，跨文化人才的作用十分重要。在“一带一路”背景下，必须要高度重视相关的跨文化人才培养，为中国文化主导权提供智力支持。

1. 要培养挖掘语言文化人才

在现有的跨语言交流中，主要依赖语言人才的语言服务。特别是“一带一路”沿线国家语言多种多样，且大部分属于小语种，熟练掌握英语或汉语的人才较少，对于语言人才的需求极大。首先，需要依靠国内外高校等文化教育机构，加快语言人才的培养。在语种数量和布局上，中国目前开设的小语种专业和课程较少。据统计，“一带一路”沿线国家涉及官方语言 40 余种，中国仅教授 20 余种①。因此，要在深入了解调研不同语种人才需求的基础上，通过国内高校增加相关语种人才招生人数，培养语言能力过硬、具有国际视野，能进行有效跨文化沟通的专业人才。其次，孔子学院等海外汉语教学机构，要加大汉语人才的培养力度，通过增加孔子学院、汉语教师和培训人员数量，培养更多更优质的海外汉语人才。最后，挖掘在“一带一路”沿线国家从事经贸等领域的，既掌握中外语言，又熟悉风土人情的海外华人华侨，为“一带一路”倡议服务。

2. 培养国际法律文化人才

“一带一路”文化主导权的实现，需要规避法律风险，需要大量熟悉国际法律以及“一带一路”沿线国家法律的人才。目前，中国法律教育规模庞大，但主要集中在国内法律方面，国际法尤其是“一带一路”沿线国家法律人才培养的数量还十分有限。在法律人才培训体系上，要从研究型教育向应用型教育转变。法律服务人才的培养，需要服从“一带一路”倡议的实际需求，更多地培养应用型的法律人才。从吉利并购沃尔沃的案例中可以发现，随着“一带一

① 《“一带一路”大战略带动中国内地小语种热》，中国新闻网，http://www.chinanews.com，2015 年 5 月 7 日。

路”的倡议，更多的中国企业“走出去”，对于公司法、劳工法、投融资以及贸易纠纷或是知识产权争议的国际诉讼等相关的法律专业人才有巨大的需求。

3. 建设文化人才智库

近年来，各科研机构和高等院校着力开展推进智库建设工作，对于政府、企业决策以及推动相关领域的发展具有明显的积极作用。“一带一路”倡议的启动，许多文化交集问题亟待破解，各种冲突矛盾需要化解，需要建设一批高水平的文化智库，为获取“一带一路”文化主导权献计献策。首先，要加强政府文化智库的建设。按照服务决策、适度超前原则，主要围绕“一带一路”文化倡议的决策咨询目标，集中一批高端文化精英人才，为政府文化决策提供帮助。其次，要加强民间文化智库建设。相比官方智库，民间智库独立性更强，有利于推动政府决策和管理机制的转变，而且其观点更容易为舆论和公众接受。民间文化智库还可以为“一带一路”跨国企业等机构提供文化咨询等服务。

（三）大力发展文化产业

发展文化产业，是实现中华民族文化复兴的必经之路，也是“一带一路”文化主导权的客观要求。

1. 整合各地文化资源，完善文化产业布局

首先，围绕“一带一路”发展倡议，整合文化资源优势转化为产业优势。中国文化产业区域发展不平衡现象突出，文化产业主体、文化基础设施、文化投资、文化人才等大多集聚在中国东部发达地区。在中国第一批至第五批国家级文化产业示范基地中，东部、中部、西部地区的比重分别

为46%、19%、25%[①]。在中国政府的整体规划下，须按照分工协作的原则，对东部、中部、西部地区的文化产业进行分别布局，构建较为完整的文化产业体系。其次，要结合各自特点，培养有特色的文化企业和产业链。例如，中国西南地区、西北地区与“一带一路”部分国家相邻，具有天然的文化相通的优势，这些省份可以通过发展周边国家特色文化产业，改善中国文化产业化发展的不平衡。

2. 创新金融手段，支持“一带一路”文化产业发展

在利用好现有的亚投行和丝路基金等机构的文化产业资金支持以外，还可以由政府出资建立政府文化产业引导基金，根据“一带一路”文化产业发展情况，在文化产业的战略导向、基础设施、国际合作、人才培养等方面予以扶持。鼓励企业投资建立“一带一路”文化产业服务平台，通过平台提供文化资源整合、文化产品开发、文化企业投融资等服务。大力发展文化产业债券市场，支持条件较好的文化企业进入新三板、创业板或中小板上市，解决资金困难问题。鼓励文化企业或民间资本成立文化并购基金，参与国内或“一带一路”沿线国家文化企业并购，拓展国外文化市场。

三、完善文化风险防范机制

文化安全是与文化风险对应存在的，也是国家安全的重要组成部分。随着全球化、信息化加快，如何防范文化风险，确保文化安全，成为许多国家关心的问题。“一带一路”沿线的一些国家政治局面不稳定，意识形态差异较大，

① 花建：《“一带一路”战略与我国文化产业的空间新布局》，《福建论坛（人文社会科学版）》，2015年第6期。

存在极端民族主义、恐怖主义、文化保守主义等多个方面的文化挑战，进一步完善文化风险防范机制刻不容缓。

（一）普及文化风险知识，提高文化风险意识

中国与“一带一路”沿线各国的经贸、文化领域交流的深度和广度都低于欧美发达国家和地区，社会各个阶层对“一带一路”文化情况认识有限。对“一带一路”文化风险情况了解不足，会影响相关的政治、经贸、文化往来。因此，有必要加强文化风险知识的宣传，提高人民群众的文化风险意识。

1. 要普及文化风险知识，做到心中有数

2013 年，“一带一路”倡议正式推出之后，通过广播电视、报纸杂志、网络媒体等全方位的报道，从中央到地方各级政府、高等院校等各类机构纷纷给予高度的评价，后续的系列文化活动也引起了社会各界的广泛关注。人们普遍认为机遇大于风险，对于发展机遇的报道远远多于风险。由于媒体基本上以“一带一路”倡议的正面报道为主，过度关注“一带一路”的巨大潜在收益，潜在风险就很容易被淡化甚至忽视。因此，需要对“一带一路”倡议的机遇和挑战进行客观而又全面的分析评价，并向社会普及教育文化风险的客观性、可控性，避免因为文化风险的快速集聚和释放导致危害。特别是许多中国企业进入“一带一路”沿线国家后，如果事先对文化风险估计不足，可能会遭遇重大的损失。

2. 要提高文化风险意识，积极应对文化风险

文化风险意识是人们对文化领域风险的一种自我认知。强化文化风险意识，要让企业、社会群众了解“一带一路”背景下文化风险的总体情况、表现形式，可能出现的后果等等。例如，“一带一路”沿线国家和地区大多是恐怖主义多

发区，恐怖主义问题与种族、民族、宗教和领土争端等问题相互交织。只有树立“一带一路”文化风险意识，才能避免因为信息不对称或了解不足影响正确的决策，才能有助于采取积极主动的态度去趋利避害，有效规避“一带一路”政治、经贸和文化活动等各个领域的文化风险。

（二）注意防范“一带一路”文化风险，健全文化风险预警和处理机制

随着“一带一路”倡议的不断推进，中国和“一带一路”沿线各国的政治、经贸、文化交流愈发频繁，在获得发展机遇的同时，文化风险也开始上升。因此，我们要从国家安全的大局出发，健全文化风险预警和处理机制。

1. 要创新文化管理体制，完善文化法律法规

“一带一路”倡议进一步加快了我国对外开放的深度和广度，文化风险迅速上升，对现有的文化管理体制和法律法规提出了更高的要求。首先，结合“一带一路”相关文化产业结构、产业特点，以促进文化产业发展，维护文化产业健康有序运转为目标，深化文化行政管理体制改革，为“一带一路”文化产业发展保驾护航。其次，要健全文化法律体制，完善文化领域的法律法规。例如，中国文化产业领域仅有一部《电影产业促进法》，显然文化领域的立法并未跟上文化产业迅速发展的脚步。因此，为了确保国家文化主权安全，维护正常的文化秩序，应该在广泛听取文化消费者、企业和专家学者等各方意见的基础上，充分论证出台更多的文化法律法规。

2. 要建立科学的国家文化风险预警系统

防范文化风险，维护国家文化安全，需要建立国家文化安全预警机制。首先，通过分析影响文化风险的因素，建立

文化风险的评估指标体系，设置文化安全的“警戒线”。具体的文化风险指标既要考虑欧美发达国家的情况，更要考虑“一带一路”沿线国家的复杂文化情况，以实现对文化风险的完整、有效评估。其次，建立文化风险相关指标的信息采集系统，构建国家文化安全预警系统。及时采集文化风险的评估指标信息，设定国家文化安全级别，定期或不定期就国家文化安全状况和趋势进行预测，根据情况向有关部门或公众发布风险信息。

3. 要建立快速有效的文化风险处理机制

在文化风险出现并得到评估之后，需要根据评估的风险等级进行相应的处理。要建立健全文化风险处理的组织机构。建立以文化、公安、国家安全、边防海关等有关部门参与的上下联动的处理机制，及时处理涉及“一带一路”文化安全案件，防止事态进一步扩大。例如，中国边疆地区的宗教极端组织和分裂势力与海外势力勾结，以宗教文化活动等名义开展活动，不仅造成文化风险，而且危机群众的生命安全，社会影响极其恶劣，已经快速发展成为社会风险和政治风险。因此，应该提前做好文化风险的防范措施和处理预案，建立防范文化风险的长效机制。

结 束 语

2017年5月，在北京召开的“一带一路”高峰论坛既对过去四年来的经历进行了总结，又为今后的发展铺垫了基础。在此背景下，中央财经大学中外经济比较研究中心在2016年研究报告出版之后，很快就选定以“一带一路”沿线的风险及其防范为主题，作为2017年“一带一路”倡议研究年度报告。毕竟，“一带一路”倡议作为既有深厚历史积淀又有极强现实意义的长期发展构想，在倡议发出之后短短的时间内就得到沿线各国和域外许多国家的认同，并在中国积极地推动下先后与100多个国家和国际组织达成了合作协议，在投资、贸易等领域取得了令人瞩目的成绩。为了使“一带一路”倡议构想能够得到更加顺利的推进，中国与沿线国家和地区取得双赢、多赢格局，我们有必要对“一带一路”倡议构想在推行中有可能出现的各种不确定性加以梳理和总结，避免由此可能引发的种种不良影响和对人身财产等带来损害。“一个我们根本注意不到的非常小的因可以决定一个我们不可能注意不到的果，而那时我们会说这果是出于偶然……初始条件的很小差异产生出最终现象的极大不同的这种情况是会发生的。前者的很小的误差导致后者的极大的误差。”① 极小的因所导致的极大的事件，在我国对“一带一路”沿线国家的投资等经济活动中时常遇到。例如，由于对一国环境、人文、法律、民众意愿等的认知差异，就曾使我国在“一带一路”沿线国家基建、矿业、产业等投资中付出巨额的财产损失，造成巨大的不良影响。为此，本书力图对此做一梳理，从政治、经济、文化3个方面可能存在的风险入手，进行一些初步地讨论。尽管这些讨论只是尝试性的，但它却是我们研究中心一年来的阶段性成果。在时间很短、人员变动较大、功底不够深厚的条件下，在“一带一路”沿线的风险及防范中提出的一些问题，只能是初探性的，以求教于社会各界，希望能为“一带一路”倡议的有力践行提供某些有益参考。

当然，在和平与发展成为当今世界两大发展主题的背景下，我国在“一带一路”倡议的践行中仍会遇到各种各样的挑战，特别是沿线一些国家和地区在自身利益考量或某些大国唆使、怂恿下，对我国发起的双赢倡议做出双重标准的判断，故意制造某些阻碍，做出“破坏”甚至“迫害”“一带一路”建设的行为。对此，我国应该在已有经验总结的前提下，进行有理、有节的“斗争”，化隐患于未然，实现不战而屈人之兵的目的，从而推动倡议构想的深入发展。

作为世界第二大经济体，中国要完成两个“一百年”目标，实现中华民族伟大复兴的“中国梦”，应该借助“一带一路”倡议构想达到海洋、大陆联通的效果，把中国经济发展的成果以红利形式造福于沿线各国。而要达到这一目的，我们一定要考虑各种不确定性因素，防范各种

① ［美］埃德加·E. 彼得斯著，王小东译：《资本市场的混沌与秩序》（第二版），经济科学出版社1999年版。

风险。

当然，本书是中央财经大学中外经济比较研究中心的再次性尝试，仍属一个“试水”之作，诚恳专家、同仁的批评指正。

参考文献

[1] 陈积敏、高惺惟：《一带一路机遇与挑战》，国家行政学院出版社2016年版。

[2] 郭齐勇：《文化学概论》，湖北人民出版社1990年版。

[3] 刘伟：《一带一路：全球价值双环流下的区域互惠共赢》，北京大学出版社2015年版。

[4] 马丽蓉：《"一带一路"软环境建设与中国中东人文外交》，社会科学文献出版社2016年版。

[5] 涂永红：《外汇风险管理》，中国人民大学出版社2004年版。

[6] 王辉耀主编：《中国企业国际化报告（2014）》，社会科学文献出版社2014年版。

[7] 杨德新：《跨国经营与跨国公司》，中国统计出版社2000年版。

[8] 赵世举、黄南津：《语言服务与"一带一路"》，社会科学文献出版社2016年版。

[9]［美］埃德加·E. 彼得斯著，王小东译：《资本市场的混沌与秩序》（第二版），经济科学出版社1999年版。

[10]［印］贾瓦哈瓦尔·尼赫鲁著，齐文译：《印度的发现》，世界知识出版社1956年版。

[11]［英］约翰·格里宾等著，朱善萍、张婴等译：《历

史焦点》，江苏人民出版社2000年版。

[12] C. R. Kennedy, Jr., Political Risk Management: A Porfolio Planning Model, *Business Horizons*, 1988.

[13] Franklin R. Root, U. S. Business Abroad and Political Risks, *MSU Business Topics*, 1968.

[14] Robock Stefan, Political risk: identification andassessment, *Columbia Journal of World Business*, 1971.

[15] Simon, Jeffrey, D, Political risk assessment: past trendsand future prospects, *Columbia Journal of World Business*, 1982.

[16] Wenlee Ting, Multinationnal Risk Assessment and Management, Greenwood Press, Lnc., 1988.

[17] 白远:《中国企业对外投资的风险管理》,《国际经济合作》,2005年第12期。

[18] 曹云华、唐翀:《东南亚:新世纪中国外交的前沿》,《暨南学报》,2006年第2期。

[19] 钞鹏:《对外投资的政治风险研究综述》,《经济问题探索》,2012年第11期。

[20] 方旖旎:《中国企业对“一带一路”沿线国家基建投资的特征与风险分析》,《西安财经学院学报》,2016年第29卷第1期。

[21] 高荣伟:《“一带一路”建设面临的风险及对策》,《国际商务财会》,2015年第6期。

[22] 郭红军:《对外承包工程企业银行保函及其管理》,《国际商务财会》,2011年第7期。

[23] 郭静:《我国企业利用出口信用保险开拓“一带一路”新兴市场研究》,《经济论坛》,2015年第9期。

[24] 韩丽君、牟岱:《孔子学院文化传播的困境与应对——以俄罗斯大学的孔子学院为例》,《人民论坛》,2016年第11期。

[25] 韩源:《国家文化安全引论》,《当代世界与社会主

义》，2008 年第 6 期。

[26] 胡娟：《印度介入南海问题的原因和举措》，《东南亚南亚研究》，2013 年第 2 期。

[27] 胡晔：《浅谈美国在亚太地区的战略利益》，《云南社会主义学院学报》，2013 年第 5 期。

[28] 花建：《“一带一路”战略与我国文化产业的空间新布局》，《福建论坛（人文社会科学版）》，2015 年第 6 期。

[29] 黄民兴、陈利宽：《阿富汗与“一带一路”建设：地区多元竞争下的选择》，《西亚非洲》，2016 年第 12 期。

[30] 科林·弗林特、张晓通：《“一带一路”与地缘政治理论创新》，《外交评论》，2016 年第 3 期。

[31] 雷著宁、孔志坚：《中国企业投资缅甸的风险分析与防范》，《亚非纵横》，2014 年第 4 期。

[32] 李捷、王露：《联盟或平衡：斯里兰卡对大国外交政策评析》，《南亚研究》，2016 年第 3 期。

[33] 李小鹿：《国际社会打击“伊斯兰国”组织的态势评估》，《阿拉伯世界研究》，2016 年第 3 期。

[34] 李晓、李俊久：《“一带一路”与中国地缘政治经济战略的重构》，《世界经济与政治》，2015 年第 10 期。

[35] 李晓：《“一带一路”战略实施中的“印度困局”——中国企业投资印度的困境与对策》，《国际经济评论》，2015 年第 5 期。

[36] 李晓敏、李春梅：《“一带一路”沿线国家的制度风险与中国企业“走出去”的经济逻辑》，《当代经济管理》，2016 年第 3 期。

[37] 李孝敏：《“一带一路”背景下我国文化产业拓展探析》，《求实》，2016 年第 7 期。

[38] 廖萌：《斯里兰卡参与共建海上丝绸之路的战略考虑及前景》，《亚太经济》，2015 年第 3 期。

［39］林明达、王祎蕾：《中国对外投资中政治风险类型与规避建议》，《吉林金融研究》，2015 年第 3 期。

［40］刘慧：《全球化时代的中国文化安全战略》，《社会科学辑刊》，2010 年第 3 期。

［41］刘建春：《走出去企业海外公司税务风险管理探讨》，《财经界（学术版）》，2015 年第 7 期。

［42］刘扬：《境外孔子学院语言文化传播的困境及对策》，《新闻世界》，2013 年第 4 期。

［43］刘跃进：《文化安全的三种思维方式与政策导向》，《国际安全研究》，2015 年第 3 期。

［44］楼春豪：《21 世纪海上丝绸之路的风险与挑战》，《印度洋经济体研究》，2014 年第 5 期。

［45］罗英杰、苏骏：《2013 年中亚地区安全形势述评》，《西伯利亚研究》，2014 年第 2 期。

［46］吕超、娄义鹏、熊坤新：《当前中亚地区民族问题的特点及对丝绸之路经济带建设的影响与对策》，《贵州民族研究》，2016 年第 4 期。

［47］马建英：《美国对中国“一带一路”倡议的认知与反应》，《世界经济与政治》，2015 年第 10 期。

［48］米军：《当前俄罗斯银行体系发展战略评析》，《东北亚论坛》，2009 年第 1 期。

［49］彭秀坤：《“一带一路”下防范主权信用评级风险的法律对策研究》，《财经理论与实践》，2016 年第 1 期。

［50］齐力：《税务风险考验沿“一带一路”走出去的中企》，《中国对外贸易》，2015 年第 6 期。

［51］苏畅：《论中亚宗教极端势力的基本特征》，《新疆师范大学学报》，2011 年第 2 期。

［52］唐鹏琪：《斯里兰卡科伦坡港口城市项目的现状与前景分析》，《南亚研究季刊》，2015 年第 4 期。

[53] 陶亮：《“季节计划”、印度海洋战略与“21世纪海上丝绸之路”》，《南亚研究》，2015年第3期。

[54] 王光厚：《东南亚的非传统安全问题》，《外国问题研究》，2011年第1期。

[55] 王文、曹明弟：《绿色金融与“一带一路”》，《中国金融》，2016年第16期。

[56] 王稳、张阳、赵婧等：《2015年全球主权信用风险评级研究》，《保险研究》，2016年第4期。

[57] 王晓雷：《负债率、债务率、偿债率与储备债务系数——20年来我国外债变动分析》，《上海经济研究》，2007年第2期。

[58] 王学鸿：《企业跨国经营中政治风险管理探析》，《云南财贸学院学报》，1997年第5期。

[59] 王义桅、郑栋：《一带一路面临的非传统安全挑战》，《开放导报》，2015年第4期。

[60] 王永中、李曦晨：《中国对一带一路沿线国家投资风险评估》，《开放导报》，2015年第4期。

[61] 夏丹、武雯、汪伟：《“一带一路”战略下的商业银行业务发展契机与策略建议》，《新金融》，2015年第9期。

[62] 肖文超：《叙利亚库尔德民主联盟党与“西库尔德斯坦”自治的前景》，《世界民族》，2015年第2期。

[63] 徐海燕：《出口信用保险的“中国式”困局》，《中外企业家》，2006年第2期。

[64] 徐丽华：《非洲孔子学院：检视、问题与对策》，《浙江师范大学学报（社会科学版）》，2012年第6期。

[65] 闫伟：《叙利亚政局与库尔德问题的嬗变》，《世界民族》，2013年第6期。

[66] 杨德新：《论当今海外投资政治风险》，《中南财经大学学报》，1996年第6期。

［67］杨洪贵：《瑞典多元文化初探》，《欧洲研究》，2006年第5期。

［68］叶海林：《印度南亚政策及对中国推进“一带一路”的影响》，《印度洋经济体研究》，2016年第2期。

［69］佚名：《“一带一路”战略下的金融合作与风险防范研讨会综述》，《金融论坛》，2015年第11期。

［70］余建华、晏可佳：《恐怖主义与民族、宗教问题论析》，《国际问题研究》，2003年第3期。

［71］袁初明：《信息化背景下我国文化风险的防范策略》，《江西社会科学》，2016年第8期。

［72］詹清荣：《“一带一路”跨国投资经营战略的税务风险防控要点》，《国际税收》，2015年第6期。

［73］张贵洪、蒋晓燕：《跨国公司面对的政治风险》，《国际观察》，2002年第3期。

［74］张蕾祺：《企业汇率风险的防范途径》，《现代经济信息》，2011年第7期。

［75］张茉楠：《全面提升“一带一路”战略发展水平》，《宏观经济管理》，2015年第2期。

［76］张伟鹏：《“一带一路”沿线非传统安全风险应对分析——以中国与中东地区国家反恐合作为例》，《探索》，2016年第3期。

［77］张银平：《抱团出海：中国企业“走出去”的必然选择》，《中国高新区》，2015年第11期。

［78］赵干城：《阿富汗问题与亚洲的安全治理》，《南亚研究》，2015年第1期。

［79］赵鸣文：《乌克兰政局突变原因及影响》，《国际问题研究》，2014年第2期。

［80］赵青松：《中国与乌兹别克斯坦经贸关系：历史、现状与前景》，《新疆财经》，2014年第5期。

[81] 周平:《“一带一路”面临的地缘政治风险及其管控》,《探索与争鸣》,2016 年第 1 期。

[82] 邹长胜、孙源:《“一带一路”视角下国际工程项目经济风险识别与防范——以哈萨克斯坦共和国为背景》,《前沿》,2015 年第 3 期。

后 记

2016年，中央财经大学中外经济比较研究中心初次出版了“一带一路”倡议的年度研究报告《“一带一路”：全方位的战略》，系统分析了“一带一路”倡议的政治、经济、文化等方面的内涵和对国内、沿线国家和地区的双面影响。之后，伴随“一带一路”倡议由政策性转向全方位实施，中国已经与世界100多个国家和国际组织建立了合作协议，“一带一路”倡议构想越来越得到沿线国家和地区的认同，效果明显、成绩斐然。当然，在“一带一路”倡议给予沿线国家各种实惠和机遇的同时，受中国与沿线国家和地区之间政治、经济、文化等因素差异的制约，各种风险逐步显露出来，一定程度上影响了“一带一路”构想的深入推进。在此背景下，我们对外经济比较研究中心确立了以“一带一路”沿线的风险及防范为主题，作为2017年的研究报告。经过一年的努力，我们的报告初步完成，为今后“一带一路”构想的实质性推进提供有益的参考。

本书是一个集体讨论、合作撰写的结晶。全书的框架，是由兰日旭、顾炜宇提出和设计。在具体的写作和分工上，各章的撰写分工如下：绪论、结束语，兰日旭；第一章第一节、第二节由丁泽宇、祝伟撰写；第一章第三节、第四节由祁兴家、岳海峰撰写；第二章由王燕芬、顾炜宇撰写；第三章由吴越、顾炜宇撰写；第四章由周莹撰写；第五章由陈宏亮撰写。此外，曲迪在写作过程中提供了文献搜集和数据处理方面的帮助。兰日旭、顾炜宇对初稿和第二稿提出了具体的修改意见，各章撰稿者根据修改意见进行了两轮的修订，最后由兰日旭、顾炜宇完成了统稿和定稿工作。当然，本研究报告也是一个教学相长的成果，研究报告的结构曾在硕士、博士研究生中多次讨论。

兰日旭　顾炜宇

2017 年 8 月